新型社会保障对农民消费行为的影响机理及消费效应比较研究

——基于耐用品消费与需求预测的视角

李树良　王晓颖　曾　波 / 著

中国财经出版传媒集团

经济科学出版社

Economic Science Press

图书在版编目（CIP）数据

新型社会保障对农民消费行为的影响机理及消费效应
比较研究：基于耐用品消费与需求预测的视角/李树良，
王晓颖，曾波著. —北京：经济科学出版社，2021.4
ISBN 978 - 7 -5218 -2515 -2

Ⅰ. ①新… Ⅱ. ①李…②王…③曾… Ⅲ. ①社会
保障 - 影响 - 农民 - 居民消费 - 研究 - 中国 Ⅳ. ①F126.1

中国版本图书馆 CIP 数据核字（2021）第 077112 号

责任编辑：李 雪 袁 溦
责任校对：郑淑艳
责任印制：王世伟

新型社会保障对农民消费行为的影响机理及消费效应比较研究
——基于耐用品消费与需求预测的视角
XINXING SHEHUI BAOZHANG DUI NONGMIN XIAOFEI XINGWEI DE
YINGXIANG JILI JI XIAOFEI XIAOYING BIJIAO YANJIU：
JIYU NAIYONGPIN XIAOFEI YU XUQIU YUCE DE SHIJIAO
李树良 王晓颖 曾 波/著
经济科学出版社出版、发行 新华书店经销
社址：北京市海淀区阜成路甲 28 号 邮编：100142
总编部电话：010 - 88191217 发行部电话：010 - 88191522
网址：www. esp. com. cn
电子邮箱：esp@ esp. com. cn
天猫网店：经济科学出版社旗舰店
网址：http：//jjkxcbs. tmall. com
北京季蜂印刷有限公司印装
710 × 1000 16 开 15.5 印张 200000 字
2021 年 4 月第 1 版 2021 年 4 月第 1 次印刷
ISBN 978 - 7 - 5218 - 2515 - 2 定价：60.00 元
（图书出现印装问题，本社负责调换。电话：010 - 88191510）
（版权所有 侵权必究 打击盗版 举报热线：010 - 88191661
QQ：2242791300 营销中心电话：010 - 88191537
电子邮箱：dbts@ esp. com. cn）

前　言

当今世界正在经历百年未有之大变局，2021 年，在中国共产党带领全国各族人民实现中华民族伟大复兴的征程中喜迎建党 100 周年。新冠肺炎疫情在全世界爆发以来，在以习近平同志为核心的党中央领导下，中国的反应速度、防控方案、防控效果取得了重大进展。在新冠患者救治中，中国医保局和财政部明确提出"确保患者不因费用问题影响就医、确保收治医疗机构不因支付政策影响救治"的"两个确保"原则，始终将人民群众生命安全及身体健康放在第一位，举全国之力支援武汉，确保新冠患者得到及时救治。在疫情防控的背景下，中国正加快形成以"国内大循环为主体、国内国际双循环相互促进"的新发展格局，突出强调国内消费对促进经济发展的贡献。在这个时间点上，作为学者来探讨新型社会保障对农民耐用品消费效应的影响具有十分重要的意义。

众所周知，社会保障水平与经济发展状况相适应、匹配时，社会保障对经济的发展有促进作用。以"新农合""新农保"为代表的新型社会保障分别实施于 2003 年和 2009 年，时间上与中国的经济发展状况是相适应的，所以，新型社会保障对中国经济发展起到了积极的促进作用。特别是抗击新冠肺炎疫情以来的"两个确保"原则，让世界看到了中国共产党"人民至上"的执政理念和中国社会保障制度的优越性，而作为中国人的我们由衷地感到骄傲和自豪！

翻阅书稿的 8 章内容，既有理论又有方法，既有定性分析又有定量研究。第 1 章到第 6 章由李树良（约 15 万字）负责，第 7 章和第 8 章由王晓颖和曾波负责。无论是在课余时间还是寒暑假，我们都本着科学的态度，始终坚持书稿的撰写和内容的增减与审定，积极与出版社沟通。全书由李树良负责统稿，特别感谢经济科学出版社李雪、袁澈编辑的辛勤付出。

经济的发展需要社会保障，社会保障的发展又影响经济的发展，而耐用品的消费特别是农民耐用品消费对经济增长的促进作用日益增强。可以预见，本书的出版对丰富和完善新型社会保障对农民耐用品消费行为的影响机理与消费效应的比较有着积极的促进作用，也真诚地希望能有更多的学者来研究该领域，不断涌现出更多的研究成果。

由于本书框架的搭建和写作的时间有限，作者们的知识储备、写作水平有限，书中难免存在错漏和不足之处，望阅读本书的广大读者不吝赐教（统稿作者邮箱：lsl@ ctbu. edu. cn），以便本书日臻完善，十分感谢大家。

李树良

于中国共产党成立 100 周年之际　南山书院

目　　录

导　论

0.1　研究背景

2008 年金融危机以来，国外市场需求不足导致出口增速放缓，同时由于经济不景气，投资也放慢了脚步。因此，扩大消费成为我国经济新常态下拉动经济增长的重要方面。若要扩大消费，首先是释放农民的消费潜力，其次是促进消费结构升级，由此可见，扩大农民的消费需求成为推动中国经济增长的重要驱动力。中共中央在国民经济和社会发展第十三个五年规划中明确指出，发挥消费对增长的基础作用，着力扩大居民消费，引导消费朝着智能、绿色、健康、安全方向转变；同时，中国共产党第十九次全国代表大会报告中指出，完善促进消费的体制机制，增强消费对经济发展的基础性作用。然而，由于我国不同区域农民在收入、社会保障、消费环境、消费观念等方面存在较大差异，导致不同区域的农民耐用品消费结构存在差异，同时也呈现出我国东、中、西部地区农民耐用品消费结构的特征及其独特的影响因素。在"十三五"期间中国人均国民生产总值（GDP）超过 1 万美元，中产阶级将超过 5 亿人，所以在加快构建以国内大循环为主体、国内国际双循环相互促进的新发展格局时代，研究农民耐用品消费行为影响机理、消费效应比较及需求预测分析具有重要的现实意义。

居民消费理论经历了绝对收入和相对收入假说的确定条件下的消费理论、持久收入和生命周期假说的不确定条件下的消费理论，以及基于心理特征的行为消费理论三个阶段。前两个阶段的消费理论为主流消费理论，有两个假设条件：第一，消费者完全理性，并能够根据掌握的信息和对未来的预测做出理性决策。第二，贴现率为常数，它代表消费者对当前消费的贴现与下一期消费的贴现相同，不会因跨期消费而产生差异。事实上，由于消费者的非完全理性和控制力不足，他们即使知道一生效用最大化的各期正确消费决策，执行也是很困难的。由此导致了现实居民消费与主流消费理论产生重大偏离，甚至背离。基于以上考虑，消费理论研究者开始关注个人心理及个人社会特征对消费的影响，由此产生了行为消费理论。行为消费理论更多关注了消费者的心理和社会特征，同时对完全理性的决策能力、时间等前提假设条件予以放松，明确提出了消费者是非完全理性的，而且消费者对时间的偏好也不具有一致性（方福前等，2014）。理论上，影响农民耐用品消费的因素有很多，除了家庭收入、经济状况以外，社会因素、个人因素、环境因素同样对农民耐用品消费有着重要影响。由于耐用品使用周期较长，农民对其购买表现为非连续性和一定的随机性，即农民购买耐用品不一定是理性行为，同时受社会制度、从众的观念、攀比的心理等因素影响。

　　因此，由于农民耐用品消费具有多样性、波动性、不确定性等特点，决定了农民耐用品消费行为影响因素分析及需求预测研究的复杂性。同时，耐用品消费结构及其升级路径是产业结构调整的方向和动力，探究国内国际双循环时代农民耐用品消费的影响因素及其需求预测，对于丰富和发展全面小康社会的行为消费理论，指引产业结构调整方向适应农民耐用品消费需求，加快推进新常态下经济发展方式转变具有积极的理论意义。综合以上分析，基于行为消费理论，通过实证研究、灰色关联周期分析新型社会保障对农民消费行为的影响，并比较东、中、西部地区"新农合""新农保"对农民消费效应的差异和影响趋势。在此基础上探究新型社会保障对农民消费行为的影响机理和消费效应的差异，为经济新常态下通过农民消费扩大内需提供动力，有利于推进农村新型社会保障的不断完善；通过对农民消费行为机理及不同地区之间消费效应差异的研究，为制定促进区域产业结构调整、新型社会保障政策、提升农民消费水平提供理论依据，从而发挥消费对经济增长拉动的基础性作用等方面将具有十分重要的理论与实际应用价值。

0.2　研究综述

1. 农民消费

　　农民消费主要分为影响因素、结构、决策几个方面：（1）影响因素。收入是决定农民消费的主要影响因素，王健宇、徐会奇（2010，2014）认为基于收入的广义含义，收入具有不确定性、增长性和流动性等方面的性质，这些性质反映了外部各种制度因素、环境因素和不确定性因素共同作用效果；同时，在收入水平既定的情况下，收入性质是导致消费者消费行为存在显著差异的主要原因。通过静态关联分析可以发现，各种收入的不确定性都是影响消费的重要因素。通过动态关联分析结果表明，农村居民工资性收入不确定性以及经营性收入不确定对消费的影响较为显著，工资性收入逐渐成为农村居民收入的主要来源，家庭经营性收入不再是农村居民各种来源收入中拉动消费的最主要动力；农村居民财产性收入以及转移性收入存在较大的不确定性，使得其对消费的影响也存在较大波动，其中由于农村居民财产性收入对人均收入的提高贡献率降低，从而对消费的拉动作用呈下降趋势。温涛等（2013）认为：从总体上看，农民各项收入对各项消费作用强度存在明显差异，家庭经营收入仍然是其分项消费支出的最主要影响因素；虽然财产性收入在农民收入构成中占比远远低于其他各项收入，但其边际消费支出倾向却最大，而转移性收入则主要影响农民的衣食住行等基本生活消费需求；从各地区看，东、中、西三大区域农民的各项收入与各项消费的相关性和影响力均存在显著差异，与东部地区相比，中、西部地区农民的"心理账户"现象更加明显。冉光和和王湘红等（2016）、王静（2011）、陆彩兰等（2012）均在这方面发表了自己的观点。制度（种粮补贴、家电下乡等消费制度）对农民消费的影响。余建斌、武瑞娟、姜百臣等（2010）认为，种粮补贴资金的增加无法抵销种粮总成本的增加；在影响农户种粮收益的主要因素中，粮食销售价格、劳动力工价和肥料价格对农户种粮收益的影响超过种粮补贴；种粮补贴没有从根本上改变种粮比较利益偏低的局面。计划行为理论能够很好地解释农民消费者对下乡家电的购买意向。计划行为理论中，行为态度、主观规范和感知行为控制对农民消费者购买下乡家电有重要影响。此外，研究还进一步将农民消费者对购买下乡家电的行为态度区分为对购买行为本身的态度和响应政府政策的态度，并且响应政策的态度对购买意向有重要影响。刘艳华（2016）、于建华等（2014）在这方面也有相关论述。城镇化与农民工消费，在城镇化过程中研究了农民工消费的结构及变化趋势。赵婉男等（2016）基于对北京市农民工的多年调研数据，利用扩展线性支出系统（ELES）模型对北京市农民工的边际消费倾向、基本消费需求及需求收入弹性进行估计并进行对比分析，发现其消费观念正在发生变化，消费水平有所提高，但消费结构仍处于较低层次，同时其消费仍具有暂时性、维持性、最小化等特点。沈蕾（2015）研究了一线和非一线城市中的新生代农民工于耐用品和日用品的消费决策过程。研究表明：在涉入（参与）度存在差异的情况下，不同类型城市中的新生代农民工消费决策过程存在显著的城际差异，这些差异的结果及其背后的原因可以为企业和政府提供有益的营销价值。消费潜力容量方面，王美艳（2016）认为如果农民工转换为城市居民身份，按照城市居民的消费模式进行消费，其禀赋特征保持不变，但其人均总消费将大幅度增长 27%，与城市居民消费水平基本相当。如果将农民工的收入水平、养老保险覆盖水平和受教育水平等禀赋特征不断改善一并考虑在内，农民工的消费潜力将更大。加快农民工市民化的步伐，是挖掘农民工消费潜力的关键（褚荣伟，2011；沈晖，2015）。在消费成长及制度保障方面，杜乐其（2013）认为囿于外部制度缺失与内在能力弱化的双重因素，农民工消费者的成长及其消费能力的释放必然受到阻滞。在制度重构中，应遵循消费者弱势群体倾斜保护之基本理念；在构建权利实现机制中，应确立提升农民工消费者内在能力之重要导向。在决策及行为方面，沈蕾和汪丽萍（2013）根据新生代农民工不同的生活方式，将其分为"积极奋斗型""追求成功型""快乐生活型""得过且过型""自我矛盾型"五类，在分类的基础上运用消费者购买决策模型对该群体的消费决策过程进行研究。年龄特点和消费行为的转变使该群体与90后城市青少年的一些消费行为有了可比性。新生代农民工作为一个重要的消费群体，消费行为具有鲜明的特征，如多元化和超前消费。其中"市民化"消费和炫耀性消费成为当前新生代农民工问题研究的热点，而炫耀性消费行为主要受宏观消费政策、家庭、价值观、参考群体等因素的影响（秦晓娟、申鹏、黄侦，2014）。通过分析城镇化农民工的消费维系机制，从理论上阐明其多维的影响因素。金晓彤（2015）基于2013年新生代农民工田野调查数据，实证检验新生代农民工炫耀性消费行为的形成过程。社会认同的自我分类维度对新生代农民工的炫耀性消费倾向有正向的影响；群体自尊和群体承诺两维度分别对新生代农民工的炫耀性消费倾向有负向的影响；成就动机和社会比较起到显著的调节作用（钱文荣、粟娟，2013；温兴祥，2015）。（2）结构。从德国经济学家恩格尔提出居民消费结构的恩格尔规律开始，对农民消费结构的研究就没有停下脚步。国内文献体现在两个方面：一是随着收入增加、社会保障力度加强，农民食物开支在家庭支出比例中不断下降，恩格尔系数变小（冉光和、鲁钊阳，2010；韩永军，2015）；二是农民的财产性收入具有较强的边际消费倾向，对提升消费结构的作用显著（宁一非、孙爱军，2010；温涛等，2013；甘小文，2011；杨辉，2019）。（3）决策。农民消费决策受到两类因素影响（徐会奇，2010）：一类是对农民消费决策产生间接影响的外部因素，包括制度变迁（聂荣，2016）、信贷约束、外部风险等因素；另一类是对农民消费决策产生直接影响的内部因素，包括收入水平、消费习惯、不确定性、主观性（翟翠霞，2010）和消费者预期等因素。在此基础上，消费决策参考点也成为研究热点（Helson，1964；Rosch，1975；Wang，2010；Tarnanidis，2010），并认为指导消费者形成决策的指标或者刺激是关键。

2. 新型社会保障

主要涉及社会保障的类型、内容与作用三个方面。（1）类型。基于城乡二元结构，新型社会保障分为城镇、农村（庞香萍，2016）和城乡统筹三大类。主要研究新型农村社会保障体系的构建及制度完善（葛荣霞等，2011；赵俊丽等，2009；李祖平，2006）、新型城镇社会保障制度的建立和完善（李迎生等，2013；郑兰先，2016；刘迟等，2017；仇晓洁等，2016）和城乡统筹一体化的新型社会保障（王增文，2016；王志刚，2017；梅红霞，2011）。（2）内容。新型社会保障主要包括养老保险、医疗保险和社会救助；而本书研究仅限于新型农村社会养老保险（简称"新农保"）和新型农村合作医疗（简称"新农合"）。对于"新农保"主要是从政策效果（张川川等，2014）、乘数效应（沈毅等，2013）、与储蓄的关系（白重恩等，2012）等方面进行研究的；对于"新农合"主要是从政策效果（Wagstaff et al.，2009；Chen and Jin，2012）、资产替代效应（Feldstein，1974）、与预防性储蓄的关系（姜百臣等，2010）等方面进行研究的。（3）作用。

随着研究的深入，新型社会保障的作用可归为三个方面：一是实现基本公共服务均等化、促进社会和谐（杨云娟，2000；豆建民，2001）；二是维护社会公平、应对人口老龄化（卢海元，2009，2010；李松华，2011）；三是减少预防性储蓄、扩大国内消费需求（李慧等，2014；张攀峰等，2012；方福前等，2014）。

3. 新型社会保障对农民消费的影响

国外研究表明新型社会保障对农民的消费行为有着积极影响（Keynes，1936；Friedman，1957；Modigliani，1975；Kantor and Fishback，1996；Engen and Gruber，2001）。马丁·费尔德斯坦（Martin Feldstein，1974）首次提出社会保障的"资产替代效应"和"引致退休效应"。国内学者根据"新农合"（2003）与"新农保"（2009）的实施情况，得出如下结论：（1）"新农合"使非医疗支出类的家庭消费增加了5.6个百分点，他们均发现"新农合"对农民消费的正向影响作用，且"新农合"对消费的正向影响在收入较低或健康状况较差的家庭中更强（白重恩、张攀峰、陈池波，2012；罗汉群，2014）。（2）"新农合"显著增加居民热量、碳水化合物、蛋白质的营养物质的摄入量，显著提升了农民群众的食物支出水平（马双，2010；王艳玲，2014）。（3）"新农保"对农民消费支出有显著促进作用（岳爱等，2013；贺立龙、周亚军等，2015；程令国，2013）。（4）"新农保"交费对农民消费存在挤出效应（白重恩，2011，2012；刘新，2011），李慧和于建华（2014）运用结构方程和 Panel Data 线性模型研究发现"新农保"对消费有正负两个方面的影响，短期来看"新农保"对于农民消费确实存在挤出效应，但长期来看，"新农保"体系的建设和完善对增加农民消费会产生持续重要的影响。

4. 非农工作经历（或者打工经历、外出务工）、社会网络对农民家用小汽车消费的影响

有学者研究得出外出打工经历对农村女性居民健康的促进作用大于男性农村居民，并且外出地点越远对健康的促进作用越大（秦立建等，2014）。而且，具有非农工作经历的农民回乡务农收入明显高于没有此种经历的农民务农收入，社会关系网络是造成收入差距的主要原因（冉璐等，2013）。由于非农工作经历增长了农民的技能、开阔了农民眼界，农民凭借这种技能可以进行职业转换，有研究表明，打工经历使得农村劳动者从事各种非农职业的可能性平均提高约30%，且随着打工时间的增长，其创业变成市民的可能性就越大（罗凯，2009）。社会资本来源于社会关系网络（Coleman，1988），是社会关系网络的总和。就农民而言，其社会资本所涵盖的社会信任、社会规范和社会参与不仅取决于其"血缘和地缘"基础，而且也与农民的生活和从业经历有关（李树苗，2007）。特别是随着农村劳动力的大规模转出和非农就业，农民社会资本在原来基础了得到了拓展和延伸，社会规范、社会信任和社会参与都突破了传统的"血缘和地缘"限制。主要体现在外出务工之前农民的社会网络具有典型中国乡土特色的初级关系，即以相互交织的"血缘和地缘"关系为主；进城以后农民为了适应城市的生存和发展，会逐渐拓展以"业缘和友缘"为主的工具理性取向的次级关系，即在城市再构建社会关系网络，带来网络规模和结构的变化（张鑫等，2015）。袁国方和郜秀军等（2014）认为外出务工收入对农民耐用品消费倾向具有显著的正效应（其贡献在所有收入变量对耐用品消费的贡献中比重最大），外出务工人员流动性和外出务工收入对不

同类型的农民消费倾向具有不同的影响。中国农民的享受型消费有其自身独特的文化根源和社会功能。家用小汽车作为农民一种较昂贵的耐用消费品，象征着一个人的财富和品格，代表着富贵和时尚，是一种"身份名片"。莫雷诺（Moreno，2014）认为在模糊状态下，（房屋、汽车）耐用品购买者保留价格的决定变化遵循一个参数化的模型，（房屋、汽车）隐含期权的价值在模糊感知水平中不断减少。威廉和约翰（Willem and John，2013）指出耐用品消费对利率下降的敏感性减弱，影响到美联储货币政策的效率，也是目前经济复苏缓慢的重要原因之一。由于耐用品消费的非线性特点，有些学者（张兵兵等，2013）从美国家庭汽车消费市场分析入手，认为二手汽车交易需求是影响新车消费需求最为重要的因素，其影响要超过个人收入支出的影响。李树良（2016）和周亚军（2015）认为，农村居民耐用品消费受社会保障水平、收入水平、消费环境、消费观念与消费心理以及家电企业的营销行为等因素的影响；完善农村社会保障制度能够增强农民消费信心，扩大耐用品消费，从而达到扩大内需的目的。

5. 简要评述

上述相关研究成果为后续新型社会保障、社会资本、农民消费与消费效应的比较等问题的研究提供了重要参考价值和借鉴意义。但也存在不足，主要表现如下：（1）由于类型和区域执行力度、时间不统一，导致了新型社会保障落实效果存在差异，难以一概而论新型社会保障的标准化指标。（2）没有准确全面把握农民消费不足的原因，要么把它归因于收入、消费观念、消费预期等内部因素，要么把它归因于制度变迁、信贷约束、外部风险（比如自然风险和市场风险），人为地割裂了内部因素与外部因素的有机联系，难以对农民消费不足做出客观评价。（3）现有研究主要集中于新型社会保障（"新农合""新农保"）对农民消费的一般性关系研究，而忽视了新型社会保障对农民消费行为的影响机理分析，研究深度不够且有粗糙之嫌；部分研究即使涉及新型社会保障与农民消费行为问题，也主要是从"新农合""新农保"的单独视角来研究的多，其研究结论也不尽相同。（4）现有研究重点在于实证分析，机理分析显得零散而无系统，没有建立起一个完整和明晰的新型社会保障对农民消费行为影响机理的理论分析框架。（5）现有研究很少涉及"新农合""新农保"对农民消费效应的分析与比较，明显存在阙如。如果不深入比较分析其消费效应并探明影响机理，就难以挖掘新型社会保障的消费效应，进而难以完成刺激农民消费、扩大国内消费需求的目标。

0.3　研　究　内　容

（1）居民消费理论与新型社会保障。①居民消费理论的梳理。马克思、恩格斯、列宁关于消费（需要）的论述；凯恩斯的确定条件下居民消费理论；不确定条件下的居民消费理论；基于心理特征的行为消费理论。②新型社会保障概述：新型农村养老保险；新型农村合作医疗；新型社会保障对农民消费行为影响机理。

（2）新型社会保障对农民消费行为影响机理分析。具体包括"新农保"制度对农民消费行为的影响机理分析和"新农合"制度对农民消费行为的影响机理分析。

（3）"新农合"和"新农保"对农民消费效应比较研究。①模型构建。基于东、中、西部地区的农村新型社会保障水平，构建"新农合"与"新农保"的分区域消费效应模型。②数据收集与实证研究。在阅读相关文献和咨询相关专家的基础上，设计调查问卷，然后对东、中、西部地区新型社会保障对农民的消费促进效应进行实地问卷调查。应用调查获得的数据，基于 Logistic 模型、灰色周期关联模型分别实证分析"新农保"和"新农合"对农民消费效应的影响。③比较"新农合"和"新农保"消费效应差异及其形成原因。基于实证分析，从区域制度实施和医疗、养老视角分析形成差异的原因，解读两种农村新型社会保障制度的耦合机制。具体包括"新农保"首批试点地区农民耐用品消费促进效应分析、"新农保"首批试点农民耐用品消费层次与区域差异比较分析、"新农合"首批试点农民耐用品消费层次与区域差异比较、新型社会保障对农民耐用品消费效应的比较、打工经历、社会关系网络与农民家用小汽车消费。

（4）对于农民耐用品（汽车）消费的点预测与区间预测。①灰色预测模型简介及 GM（1，1，4）模型构建。②GM（1，1，4）模型应用——模拟与预测中国汽车保有量（点预测）。③区间灰作用量模型构建及应用——对中国汽车保有量进行区间预测。

0.4　研究方法

1. 定性分析与定量分析

根据行为消费理论的相关知识，结合农民耐用品消费结构的特点，利用已有的统计资料，定性分析农民耐用品消费结构升级路径的形成机理及区域差异。运用灰色周期分析模型重点分析农民耐用品消费结构的关键因素，根据关联度和定性分析的结果，找出关键因素的影响权重。

2. 分类与类比分析法

系统地比较国内外耐用品消费、消费结构研究的发展状况，并对东、中、西部农民耐用品消费结构的特征及差异进行系统对比分析。

3. 文献法

通过对国内外耐用品消费理论与实践的文献分析与归纳，重点研究农民耐用品消费结构的特征及影响因素，并探寻其消费结构升级路径。

4. 实践检验法

通过已有研究、提炼得到的农民耐用品消费结构升级路径规律，对东、中、西部地区农民耐用品消费结构进行验证和评价，并在相关制定促进区域产业结构调整、耐用品消费政策、提升农民耐用品消费档次领域进行试用，逐步完善和推广。

第 1 章

居民消费理论与新型
社会保障概述

1.1 居民消费理论的流派与演进

1.1.1 马克思、恩格斯、列宁关于消费（需要）的论述

消费是经济发展的动力和目的，马克思对此已有论述。生产活动是社会生活的主要活动。生产的目的是为了消费，消费是需要满足的形式和过程。人们生产是为了消费，消费是生产的动力。马克思对生产与消费的关系作了精辟的论述。马克思说："没有生产就没有消费，但是没有消费就没有生产，因为如果是这样，生产就没有目的。"① 马克思说，"消费从两个方面产生生产"，一方面，消费是

① 中共中央马克思恩格斯列宁斯大林著作编译局. 马克思恩格斯全集 [M]. 第 2 卷. 北京：人民出版社，2006：94.

生产的最终完成，因为"生产的最终完成只有在消费破坏产品的时候"。另一方面，"消费创造了新的生产需要，消费是生产观念的内在动力，消费是生产的前提。消费创造出生产的动力；它也创造出在生产中作为决定目的的东西而发生作用的对象"。马克思最后说："没有需要，就没有生产，而消费则把需要再生产出来。"① 马克思的思想非常明确，消费（需要）是生产的目的、动机和动力。可见，正是人的消费（需要）使人从事生产活动，消费（需要）的发展促进了生产的发展。生产的发展不仅满足人的消费（需要），又产生新的消费（需要）。正如马克思所说："已经得到满足的第一个消费（需要）的本身，满足消费（需要）的活动和已经获得的为满足需要用的工具又引起新的消费（需要）。"② 如此反复进行。这种辨证的过程充分表明，消费（需要）是生产发展的动力，而生产的发展是社会发展的主要方面。

消费（需要）是生产力和生产关系影响社会生活的中介，消费（需要）是社会革命的直接起因。无论是生产力的发展和由生产力的发展引起的生产力与生产关系的矛盾和生产关系的变革，还是它们所引起的社会生活的变化的发展，都是通过人的需要和人为了满足需要所进行的活动表现出来的。消费（需要）成为生产力和生产关系影响社会生活的中介。如生产力同生产关系的矛盾，在社会生活中表现为，由于生产关系阻碍了生产力的发展使社会不能满足人的需要；于是便变革生产关系，建立新的生产关系，使生产力得到

---

① 中共中央马克思恩格斯列宁斯大林著作编译局. 马克思恩格斯全集 ［M］. 第 2 卷. 北京：人民出版社，2006：94.
② 中共中央马克思恩格斯列宁斯大林著作编译局. 马克思恩格斯全集 ［M］. 第 3 卷. 北京：人民出版社，2006：22.

发展，人的需要得到满足。生产关系的变革就是社会革命，可见，社会革命是由消费（需要）引起的。马克思、恩格斯说："每一种革命和革命的结果都是由这些关系决定的，是由需要决定的。"① 可见，通过人的活动表现出来的社会变革，社会革命以及大大小小的社会事件都表现为人的需要同社会现实的矛盾和为解决这些矛盾而进行的斗争。马克思说："正是群众利益是任何大的历史事件的基础。"② 人的需要同社会现实的矛盾主要表现在以下三个方面：首先，物质生活条件和精神生活条件不能满足人的需要。其中物质条件更为重要，物质条件是人赖以生存和发展的基础。如果得不到最起码的合理的满足，人就无法生存，更谈不到发展，这是社会事件和社会革命最起始的原因。精神需要如果不能满足人的需要，会使人的精神贫乏、生活枯燥，更有甚者是人文化素质得不到提高，不仅影响社会的发展，还会影响社会的文明与安定。其次，劳动机会和劳动条件不能满足人的需要。劳动是谋生的手段，人只有通过劳动才能获得生活资料，维持自己的生存。如果失去了劳动的机会，也就失去了生活的保障。劳动条件也非常重要，它决定了人对劳动的兴趣和在劳动中能否表现自己和实现自己的理想。如果劳动的机会和条件不能满足人的需要，人就要为争取劳动就业和改善劳动条件而斗争。最后，如果现行的社会制度不能从根本上解决上述两种矛盾，就需要改变社会制度，建立新的社会制度，进行社会革命，以解决矛盾，使人的需要得到满足。恩格斯说："现在每个人都知

---

① 中共中央马克思恩格斯列宁斯大林著作编译局 . 马克思恩格斯全集 ［M］. 第 3 卷 . 北京：人民出版社，2006：493.
② 中共中央马克思恩格斯列宁斯大林著作编译局 . 马克思恩格斯全集 ［M］. 第 4 卷 . 北京：人民出版社，2012：322.

道，任何地方发生革命震动，总是有一种社会要求为其背景，而腐朽的制度阻碍这种要求得到满足。"①

　　社会中的互助合作和对立冲突是由需要引起的。人们在社会生活中由于消费（需要）而产生的相互关系，按其性质分两类：一是互助合作；二是对立冲突。在共同的社会生活中，个人为了满足自己的消费（需要），必须满足他人的消费（需要），用满足他人需要的代价来满自己的需要，由此产生了互助合作。从这个意义讲，就是人们彼此相互满足需要的一种关系。互助合作将各个社会成员的活动统一到共同的社会生活活动之中。互助合作在社会发展中起重要作用，人们之间互助合作，协调一致才能使共同的社会生活活动正常进行。可以说，互助合作是社会发展的必备条件。历史的发展证明，只有在太平盛世的年代，生产力才能顺利发展，文化才能繁荣，人民才能安居乐业。互助合作的广泛发展，会使对立冲突缓和或者减少，社会力量不会因对立冲突而分散和相互抵消。社会中的合力的增加，将极大地促进社会的发展。对立冲突是同互助合作相对立的人与人之间的关系，表现为一部分人为了满足自己的消费（需要）而限制和剥夺另一部分人的消费（需要），由此产生了对立冲突。对立冲突，在这个意义上讲，就是在满足需要上的对立冲突。马克思从宏观上揭示了对立冲突产生的根源和历史的必然性。马克思说："人们每次都不是在他们关于人的理想所决定的和所容许的范围内，而是在现有的生产力所决定的和所容许的范围内取得自由的。但是作为过去取得的一切自由的基础是有限的生产力；受

---

　　① 中共中央马克思恩格斯列宁斯大林著作编译局.马克思格斯全集［M］.第1卷.北京：人民出版社，2012：501.

这种生产力所制约的、不能满足整个社会的生产，使得人们发展只能具有这样的形式：一些人靠另一些人来满足自己的需要，因而一些人（少数）得到了发展的垄断权；而另一些人（多数）经常地为满足最迫切的需要而进行斗争，因而暂时（即在新的革命的生产力产生以前）失去了任何发展的可能性。由此可见，到现在为止，社会一直是在对立的范围内发展的。"① 马克思明确指出了，对立冲突是由需要引起的，是人们对需要的争夺。互助合作和对立冲突是社会历史发展过程中的两个状态，对立冲突虽然是同互助合作相对立，不利于互助合作，但不会使社会分裂。而且对立冲突是克服互助合作中的障碍的手段，使社会达到更广泛的互助合作，更为广泛的社会的统一。此外，个人或社会集团为了在对立冲突中占有优势和取得胜利，而充分调动和发挥自己的社会积极性，发挥最大的潜力，在集体中团结一致，发挥集体的力量。这一切都是社会发展的积极力量。下面我们从需要本身的特性来介绍马克思的论述：消费（需要）是社会发展的经常性的动力；消费（需要）是不断发展变化的，呈上升趋势。消费（需要）是社会发展的动力，与此同时，消费（需要）也是随着社会的发展而发展的，消费（需要）的上升规律是需要发展一般规律。这个规律是列宁提出来的，但马克思在《资本论》就已经阐述了这个规律的基本原理和机制。马克思指出："像野蛮人为了自己的需要，为了维持和再生产自己的生命，必须与自然进行斗争一样，文明人也必须这样做，而且在一切社会形态中在一切可能的生产方式中，他必须这样做。这个自然必然性的王

---

① 中共中央马克思恩格斯列宁斯大林著作编译局. 马克思恩格斯全集 [M]. 第3卷. 北京：人民出版社，2006：507.

国会随着人的发展而扩大，因为需要会扩大；但是，满足这种需要的生产力也会扩大。"① 列宁在分析资本主义发展时，正式提出了消费（需要）的上升规律。列宁在《论所谓市场问题》一书中写道："资本主义的发展必然引起全体居民和工人无产阶级需求水平的增长。这种增长的造成，一般是由于产品交换的频繁，而产品交换的频繁又使城市和乡村间、各个不同地区间的居民的接触更为频繁。造成这种情况的，还有工人无产阶级的密集，这种密集提高着这个阶级的觉悟程度和自尊心，使他们有可能与资本主义制度的掠夺趋向做有效的斗争。欧洲的历史十分有力地说明了这一需求的上升规律。这个规律在俄国也显示了自己的作用；商品经济和资本主义在改革后的迅速发展引起了'农民'需求水平的提高，农民比以前'干净些'（在衣着、住宅等方面）了。"② 高尔基说得更为明白："人的需要的增长是无止境的，人活得越长，他想得到的也越多。人是从来也不会满足的，这是人的最佳品质。人是世界上最富于要求的生物……据此文化的不断发展过程才得以实现，在这些众所周知的环节上汇集了精力，才突然爆发起来而创造了我们看到的那些效果。"③ 消费（需要）的上升规律表明，人对消费（需要）的追求是无止境的，人在不断地追求更多、更好、更高级的消费（需要）。这种对消费（需要）的不断追求的心理机制就是攀比。人以自身的消费（需要）的满足状况作为标准与周围其他人进行比较，

---

① 中共中央马克思恩格斯列宁斯大林著作编译局. 马克思恩格斯全集［M］. 第25卷. 北京：人民出版社，2006：926.
② 中共中央马克思恩格斯列宁斯大林著作编译局. 列宁全集［M］. 第1卷. 北京：人民出版社，2017：89.
③ 中共中央马克思恩格斯列宁斯大林著作编译局. 高尔基全集［M］. 第26卷. 北京：人民文学出版社，1985：85.

如果发现他人的满足水平超过了自己，就会努力争取，想方设法使自己的消费（需要）的满足水平提高。马克思在《雇佣劳动与资本》一书中，形象地表示了人的攀比是消费（需要）上升规律的人的心理机制。他说："一座小房子，不管怎样小，在周围的房子这样小的时候，它是能满足社会对房子的一切需求的。但是一旦在这座小房子近旁树立起一座宫殿，这座小房子就缩成可怜的茅舍模样了。这时，狭小的房子证明它的居住者毫不讲究或者要求很低；并且不管小房子的规模怎样随着文明的进步而扩大起来，那么，只要近旁的宫殿以同样的或更大的程度扩大起来，那么较小房子的居住者就会在那四壁之内越发不舒适，越发不满意，越发被人轻视。"①随着社会的发展，人的攀比的范围越来越扩大。现时代的人攀比的范围远远超出了直接交往的范围，使人攀比的心理越来越强烈，起的作用也越来越大。

用马克思的观点阐明消费（需要）是社会发展的动因，具有巨大的现实的意义。它论证了中国共产党把人民日益增长的物质文化需要同社会生产之间的矛盾作为我国社会主义初级阶段主要矛盾的正确性和把满足人民日益增长物质文化需要作为社会主义生产和建设的根本目的的必然性。广大人民群众在不断满足和追求更高层次的消费（需要）的过程必将充分发挥自己的潜力，使我国的社会主义建设事业不断向前发展。

---

① 中共中央马克思恩格斯列宁斯大林著作编译局. 马克思恩格斯全集［M］. 第6卷. 北京：人民出版社，2006：492.

1.1.2　凯恩斯的确定条件下居民消费理论

1936 年，凯恩斯（Keynes）① 在其《就业、利息和货币通论》中就阐述了居民消费和收入之间的关系。其具体表达式如下：

$$P = P(I - T) = \alpha + \beta(I - T).$$

式中，P 表示居民消费（支出），I 表示居民收入，T 表示政府对居民收入的征税，α 表示自发消费，β 表示边际消费倾向。

凯恩斯通过这个表达式，试图阐明：（1）消费仅与当期收入有关。（2）随着收入水平的提高消费也会增加但消费的增加不及收入增加得多，亦即消费占收入的绝对比例呈递减状态，这被叫作平均消费倾向递减规律。（3）在消费函数为非线性函数这一更为常态的假设下，边际消费倾向呈现出随着收入增加而递减的趋势，这被叫作边际消费倾向递减规律。边际消费倾向递减的规律使得有效需求呈现出不足的趋势进而导致国民收入均衡的位置低于充分就业国民收入水平致使失业率居高不下。因此，凯恩斯的这一消费理论也被称为绝对收入假说的居民消费理论。

杜森贝利（Duesenberry）② 在 1948 年针对凯恩斯绝对收入假说的居民消费理论提出了自己的不同意见，他认为对保持高水平收入的人来说，消费水平会随着自己收入的增加而增加，增加消费是容易的；当收入减少时，因较高的消费水平所形成的消费习惯使得消

---

① Keynes, J. M. The General Theory of Employment, Interest and Money [M]. Macmillan, Cambridge University Press, 1936.

② Duesenberry, J. S. Income—consumption relations and their implications [J]. Income, Employment and Public Policy, 1948：54 – 81.

费具有惯性，降低消费水平就有一定的难度，不太容易把消费水平降下来，消费者几乎会继续在原有的消费水平上进行消费。这就是说，消费容易随着收入的增加而增加，但难以随着收入的减少而减少。仅就短期而言，在经济波动的过程中，低收入者收入水平提高时，其消费会增加至高收入者的消费水平，但收入减少时，消费的减少则相当有限。因而，短期消费曲线与长期消费曲线是不同的。这一理论被后人称为相对收入假说下的居民消费理论。

1957 年，弗里德曼（Friedman）[①] 提出消费者的消费支出不是由他的现期收入决定的，而是由他的持久收入决定的。也就是说，理性的消费者为了实现效应最大化，不是根据现期的暂时性收入，而是根据长期中能保持的收入水平即持久收入水平来做出消费决策的。这一理论将人们的收入分为暂时性收入和持久性收入，消费是持久收入的稳定的函数，弗里德曼认为，持久收入，是指消费者可以预期到的长期收入，即预期在较长时期中（3 年以上）可以维持的稳定的收入流量。持久收入大致可以根据所观察到的若干年收入的数值的加权平均数来计算。把收入分为持久性收入和暂时性收入，从而把收入变动分为持久性收入变动和暂时性收入变动是持久收入函数理论假说的贡献。这一区别既解释了短期消费函数的波动，又解释了长期消费函数的稳定性。这一理论认为，在长期中，持久性收入是稳定的，所以消费函数是稳定的。暂时性收入变动通过对持久性收入变动的影响而影响消费，所以短期中暂时性收入的变动会引起消费波动。

---

① Friedman, M. A Theory of the Consumption Function [M]. Princeton University Press, 1957.

莫迪利安尼（Modigliani）分别在 1954 年①、1971 年②提出居民消费并非仅与当前可支配收入相关，居民消费更加着眼于长远，计划更长时间内的消费开支，减少消费波动进而平滑一生地消费。这一消费理论被称为生命周期假说下的居民消费理论，该理论与凯恩斯消费函数理论的区别在于，凯恩斯消费函数理论强调当前消费支出与当前收入的相互联系，而生命周期假说则强调当前消费支出与家庭整个一生的全部预期收入的相互联系。该理论认为，每个家庭都是根据一生的全部预期收入来安排自己的消费支出的，即每个家庭在每一时点上的消费和储蓄决策都反映了该家庭希望在其生命周期各个阶段达到消费的理想分布，以实现一生消费效应最大化的企图。因此，各个家庭的消费取决于他们在两个生命期内所获得的总收入和财产。这样，消费就取决于家庭所处的生命周期阶段。莫迪利安尼认为，理性的消费者要根据一生的收入来安排自己的消费与储蓄，使一生的收入与消费相等。生命周期假说将人的一生分为年轻时期、中年时期和老年时期三个阶段。年轻和中年时期阶段，老年时期是退休以后的阶段。一般来说，在年轻时期，家庭收入低，但因为未来收入会增加，因此，在这一阶段，往往会把家庭收入的绝大部分用于消费，有时甚至举债消费，导致消费大于收入。进入中年阶段后，家庭收入会增加，但消费在收入中所占的比例会降低，收入大于消费，因为一方面要偿还青年阶段的负债，另一方面还要把一部分收入储蓄起来用于防老。退休以后，收入下降，消费

---

①　Modigliani, F., R. Brumberg. Utility analysis and the consumption function: An interpretation of cross—sectiondata [M]. in: K. Kurihara (ed), Post Keynesian Economics, Rutgers University Press, 1954.

②　Modigliani, F. Consumerspending and monetary policy: The linkages [J]. Federal Reserve Bank of Boston Conference Series 1971 (5): 9 – 84.

又会超过收入。因此，在人的生命周期的不同阶段，收入和消费的关系，消费在收入中所占的比例不是不变的。

生命周期假说理论认为，由于组成社会的各个家庭处在不同的生命周期阶段，所以，在人口构成没有发生重大变化的情况下，从长期来看边际消费倾向是稳定的，消费支出与可支配收入和实际国民生产总值之间存在一种稳定的关系。但是，如果一个社会的人口构成比例发生变化，则边际消费倾向也会变化，如果社会上年轻的和老年人的比例增大，则消费倾向会提高，如果中年人的比例增大，则消费倾向会降低。

1.1.3 不确定条件下的居民消费理论

20 世纪 70 年代，美国经济学家 J. F. 穆思在《合理预期和价格变动理论》一文中针对适应性预期（adaptive expectations）中的非最优特性而提出理性预期假说下的消费理论。后来，由芝加哥大学的 R. E. 卢卡斯和明尼苏达大学的 T. J. 萨金特和 N. 华莱士等人作出了进一步发展，并逐渐形成理性预期学派。理性预期（rational expectations），或者，理性预期假说，又译合理预期（rational expectation hypothesis）。理性预期是美国一种资产阶级经济学理论，因在经济分析中假定经济行为的主体对未来事件的"预期"是合乎理性的而得名。理性预期指针对某个经济现象（例如市场价格）进行预期的时候，如果人们是理性的，那么他们会最大限度地充分利用所得到的信息来作出行动而不会犯系统性的错误，因此，平均地来说，人们的预期应该是准确的。它有两个前提条件：（1）每个经济行为主体对未来事件的预期是合乎理性的。也就是说，消费者把获得消费的最大效用作为行动准则，生产者把利润最大化作为行动准则，任何经济行为主体进行当前决策时所预料的未来会有的情况，总是完全准确地符合未来实际发生的情况。（2）只要让市场机制充分发挥作用，各种产品和生产要素的价格都会通过供求变动，最终使各自的供求达于均衡。此时也是处于均衡的充分就业状态，实际存在的失业仅限于摩擦性失业、结构性失业及自愿失业。这种劳动的供给和需求相一致的就业量所决定的就业率被称为自然就业率。自然就业率的大小取决于一国的技术水平、风俗习惯、资源数量等，而与货币因素无关。资本主义社会的实际就业量常常大于或小于自然就业率，这取决于实际通货膨胀率和预期通货膨胀率间的差距。如果前者大于后者，就业量大于自然就业率，反之则相反。这种差距的产生是由于人们在短期内对价格水平的误解造成的，例如，商品经营者看到自己经营的商品价格上涨，误认为是需求量增加，从而会要求更多的劳动量。但这种误解在长期中会消失，人们会看到所有商品价格都上涨，从而使劳动量恢复原有水平。因而，理性预期认为，资本主义社会经济有使就业量等于或趋向于自然率的趋势。根据这种理论，通货膨胀和失业之间并不存在一种如凯恩斯主义所说的交替关系。宏观经济政策仅具有突如其来的性质，因而使人们预期失误的条件下才会取得指望的结果。如果假定政府的政策是有规则的，人们会准确预料应有结果，从而会采取相应措施抵消政府政策的作用。就居民消费来说不确定性的来源有两个方面：一方面，家庭的未来收入具有不确定性，家庭劳动力的供给生产率水平、国家制定的退休、养老金制度等因素极易造成家庭未来收入的巨大波动。另一方面，家庭消费偏好、消费习惯和消费理念等因素在未来可能发生重大转变，从而使得居民的消费行为发生巨大改变，最终形成居民消费的不确定性。

1978 年，霍尔（Hall）[①] 的随机游走假说将理性预期方法应用于生命周期假说，认为在效用函数为二次型并且时间偏好等于利率时，消费与滞后的收入变量无关。综合起来看，由于霍尔选取的回归方程和变量不同，使得他最终所得的研究结论有所不同。但是他所提出的随机游走假说在消费理论中具有非常重要的地位，开启了不确定性条件下消费理论研究的序幕。霍尔 1978 年提出的观点与以往的确定性条件下的消费理论截然不同。他认为，当产出或者收入出乎意料的下降时，消费的下降仅仅等于持久收入的下降。因此不能准确预测消费会恢复。而确定性条件下的消费理论认为，当产出或者收入下降时，消费也随之下降。但预期消费会恢复，因而预示着消费变动是可以预测的。除此之外，霍尔 1978 年文章的学术贡献不仅体现在对持久收入假说的拓展上，并且提出随机游走假说，更为重要的是他为后来有关收入的可预测变化是否造成消费的可预测变化研究打下了坚实的基础。但弗莱文对随机游走假说进行实证研究时发现，消费与劳动收入具有显著的正相关性，于是弗莱文把这种现象称为"过度敏感性"。

预防性储蓄是指风险厌恶的消费者为预防未来不确定性导致的消费水平的下降而进行的储蓄。预防性储蓄理论最早可追溯到费雪（Fisher）和费里德曼的研究，20 世纪 80 年代末 90 年代初，预防性储蓄理论获得极大发展。如果家庭的未来收入面临不确定性且瞬时

---

① Hall, R. E. Stochasticim plication of the lifecycle—permanent income hypothesis: Theory and evidence [J]. Journal of Political Economy, 1978, 86 (6): 971 –987.

效用函数具有正的三阶导数，则会导致家庭减少当期消费，增加储蓄，勒兰德（Leland，1968）将这种情况称为"预防性储蓄动机"[1]。1993年韦尔（Weil）通过数学推导证明家庭在消费过程中不仅存在预防性储蓄动机，而且预防性储蓄动机与未来收入的风险相关[2]。他指出，在面临不可分散的劳动收入不确定性时，运用值函数的方法可以推导出具有无限寿命的代表性消费者的动态随机最优消费问题的解析解。预防性储蓄理论认为，当消费者面临的收入的不确定性越大的时候，他越不可能按照随机游走来消费，这时他更多的是依据当期收入来进行消费。同时，未来的风险越大，他越会进行更多的预防性储蓄。在不确定性情况下，预期未来消费的边际效用要大于确定性情况下的消费的边际效用。未来风险越大，预期未来消费的边际效用就越大，因此就越能吸引消费者进行预防性储蓄，把更多的财富转移到未来进行消费。所以，在不确定性情况下，收入下降，预防性储蓄增加，从而消费支出降低；相反，当收入增加时，预防性储蓄减少，从而消费支出增加。当期消费和当期收入存在着一个正的相关关系，且这种相关关系随不确定性的增加而增加。因此，按照预防性储蓄理论，消费具有敏感性。这一结论与凯恩斯绝对收入假设相吻合。

泽尔德斯[3]（Zeldes，1989）、迪顿[4]（Deaton，1991）等提出流

---

① Leland，H. E. Saving and uncertainty：The precautionary demand for saving ［J］. Quarterly Journal of Economics. 1968，82（3）：465－473.

② Weil，P. Precautionary savings and the permanent income hypothesis ［J］. Review of Economic Studies，1993，60（2）：367－383.

③ Zeldes，S. P. Consumption and Liquidity constraints：An empirical investigation ［J］. Journal of Political Economy，1989，97（2）：305－346.

④ Deaton，A. Saving and liquidity constraints ［J］. Econometrica，1991，59（5）：1221－1248.

动性约束假说下的居民消费理论。流动性约束假说认为，流动性约束可能导致消费者当期消费对可预测收入变化的过度敏感性。如果消费者面临消费信贷的高利率，则可能在当期收入资源较少时，选择放弃消费信贷以平滑消费；在不存在消费信贷的情形下，只能依照现有的收入资源进行低消费。流动性约束的存在，使当期收入对现期消费的影响大于生命周期假说或持久收入假说的预言。假定个人把一生的全部收入消费掉，不留遗产；存款和贷款利率为零；消费者一生收入和消费分为三个时期，效用函数为二次型。由此，流动性约束假说的主要结论是：第一，存在流动性约束的消费通常低于没有流动性约束的情形。一般说来，在流动性约束下的消费与当期收入正相关，这是消费"过度敏感性"的重要原因；正是由于未来的收入对当期消费作用有限，这也就为"消费平滑性"提供了一种解释。第二，即使当期不存在流动性约束，如果消费者预期到未来面临流动性约束，当期的消费也会下降。因此，流动性约束的存在，将促使个人储蓄，以防止未来收入下降对消费的冲击。一个合理的推论是：在一个国家的消费者面临较强的流动性约束时，该国的储蓄率较高。贾泊利（Japelli，1992）和帕格诺（Pagano，1992）对这一推论进行了检验，其研究结果表明，储蓄率与消费贷款比例负相关，流动性约束对消费者的储蓄行为存在影响。第三，如果消费者在第 t 期面临流动性约束，则以后各期的消费都将受其影响。关于流动性约束产生的原因，该理论认为有四个方面：一是消费者没有财富，所以不能将现有的财富变现或者将现有财富作抵押获得贷款；二是信贷市场的信息不对称导致信贷市场存在道德风险和逆向选择，使均衡的信贷利率高于信息对称情况下的均衡利率；三是信贷市场本身不发达，消费信贷的规模和种类不够多；四是各国对破产和取消贷款抵押回赎权的规定不同。破产程序越严，取消贷款抵押回赎权的期限越长，放贷者会更谨慎、更严格地审查借款人的资格。流动性约束从两个途径降低消费：第一，当前的流动性约束会使一个人的消费比他想要的消费少，如果消费者受到严重的流动性约束，那么消费者就不能顺利地平滑一生中的消费。当消费者处于低收入阶段时，即使他有预期的未来高收入，但他借不到钱，所以只能进行低消费。消费者提高消费水平的唯一途径是自己积累财富或者等待高收入时期到来。第二，预期未来可能发生流动性约束，同样会降低现期消费。例如，假设在下一期存在收入降低的可能，如果没有任何流动性约束，个人可以通过借款来避免消费锐减，但是如果有流动性约束，那么收入下降就会引起消费下降，除非个人有储蓄。因此，流动性约束的存在会导致个人减少现期消费，增加储蓄。根据流动性约束理论，低收入与流动性约束的结合会使消费者产生短视行为。当消费者绝对收入很低时，在流动性约束的制约下，消费者只能根据现期的收入与已有的流动性资产（如储蓄存款）来规划消费路径——首先进行积累，直至实现最迫切的目标，然后再进行积累，逐个实现预定的目标。这就是低收入者的"短视行为"。从长期来观察，具有"短视行为"的典型消费者的消费路径具有多个"触发点"。消费者首先节约消费，积累财富，然后逐个实现其消费目标。在积累时期，消费水平小于不存在流动性约束情况下的当前消费水平。对低收入者而言，收入越低，目标支出越大，积累的时间就越长，或者在比较短的时间内，现期的储蓄就必须更多。这与通常的边际消费倾向递减规律正好相反。在"触发点"时刻,消费支出与其已经积累的财富具有密切的关系,而当期收入对消费者支出的影响相对减弱。总之,当存在流动性约束时,消费减少,储蓄增加。显然,如果典型消费者受到流动性约束,其一生的消费路径将不再是平滑的。各国流动性约束的严重程度不同(即使是在发达国家,由于信贷市场的信息不对称等原因,流动性约束必然存在,而在发展中国家,除了信贷市场信息不对称外,信贷市场不发达等制度性因素使得流动性约束的情况更为严重),国际比较研究表明,流动性约束对各国的总储蓄是重要的,从而也说明了流动性约束对消费也具有重要的影响。

缓冲存货的概念最早由迪顿(Deaton)于 1991 年提出,卡罗尔(Carroll)对改价说进行了发展①,于 1989 年提出了储蓄的缓冲存货理论,并证实该理论模型与美国宏观经济数据的大量消费与储蓄的特征相符,即消费者在年轻时期的工作时间进行缓冲存货储蓄,到了 50 岁左右开始为退休储蓄,此时缓冲储蓄的动机变为生命周期的动机。卡罗尔将消费者的谨慎和缺乏耐心同时纳入了模型,谨慎意味着多储蓄,而缺乏耐心意味着多消费,两种心理状态转换的条件是目标财富水平与实际财富积累的关系。当财富积累超过目标财富水平时,消费者缺乏耐心的程度比谨慎程度更强烈,将倾向于消费;反之则倾向于储蓄,以使财富积累达到目标财富水平。

1.1.4 基于心理特征的行为消费理论

居民消费理论经历了绝对收入和相对收入假说的确定条件下的消

---

① Carroll, C. D., L. H. Summers. Consumption growth parallels income growth: Some new evidence [J]. NBER Working Paper, 1989, No. 3090.

费理论、持久收入和生命周期假说的不确定条件下的消费理论，这两个阶段的消费理论为主流消费理论，有两个假设条件：第一，消费者完全理性，并能够根据掌握的信息和对未来的预测做出理性决策；第二，贴现率为常数，它代表消费者对当前消费的贴现与下一期消费的贴现相同，不会因跨期消费而产生差异。事实上，由于消费者的非完全理性和控制力不足，他们即使知道一生效用最大化的各期正确消费决策，执行也是很困难的。由此导致了现实居民消费与主流消费理论产生重大偏离，甚至背离。基于以上考虑，消费理论研究者开始关注个人心理及个人社会特征对消费的影响，由此产生了行为消费理论。行为消费理论更多关注了消费者的心理和社会特征，同时对完全理性的决策能力、时间等前提假设条件予以放松，明确提出了消费者是非完全理性的，而且消费者对时间的偏好也不具有一致性。自 20 世纪80 年代以来，随着行为经济学的快速发展，行为消费理论也得到了长足的发展和进步，现如今已经成为现代宏观消费理论的重要组成部分。行为消费理论中代表模型主要有四种：行为生命周期模型、双曲线贴现消费模型、动态自控偏好消费模型、估测偏见消费模型。

行为生命周期模型是由谢弗林（Shefrin，1988）[①] 和泰勒（Thaler，1985）[②] 两位学者将行为经济学理论框架与生命周期消费理论相结合于 1988 年首次提出的。其核心假设是：即使不存在信贷配给，不同的财富类型对于消费者来说也是不可完全替代的，其中财富被分为当前可支配收入、当前资产和未来收入。两位学者进一

---

① Shefrin, H. M. & R. H. Thaier. The behavioral life – cycle hypothesis [J]. Economic Inquiry, 1988, 26（4）: 609 – 643.

② Thaler, R. H. Mental accounting and consumer choice [J]. Marketing Science, 1985, 4（3）: 199 – 214.

步指出，行为生命周期消费假说的基本框架主要包括三方面内容：自我控制、心理核算与心理构建。谢弗林和泰勒两位学者运用双重偏好结构来刻画消费者的理性决策和感性方面的冲突。消费者拥有相互冲突的两个自我：一个自我只关心短期的即期消费，它的效用函数只与当期消费有关；另一个自我只关心长期消费，它的目标是把一生的效用最大化。长远的计划者要想实现最优化的目标必须要借助心理核算，消费者对不同心理账户中的财富的边际消费倾向是不同的。当期可支配收入的边际消费倾向最大，当期资产的边际消费倾向次之，未来收入的边际消费倾向最小。所以，不同财富并不是完全可替代的。行为生命周期模型研究表明消费者由于受到人类本能的许多局限性影响，即使知道最优解，也无法坚持一生执行并实现最优化目标，最终只能得到次优解。

双曲线贴现消费模型又称为非理性折现，是行为经济学的一个重要部分。这个现象描述折现率并不是一个不变量，具体是指人们在对未来的收益评估其价值时，倾向于对较近的时期采用更低的折现率，对较远的时期采用更高的折现率。双曲贴现指的是人们面对同样的问题，相较于延迟的选项更选择倾向于即时的。在决定要做出什么样的选择时，拖延的时间是一个重要的因素。简单来说，大多数人可能会选择今天拿 60 元，而不是一年后拿到 100 元。因为同样数量的钱，在今天的价值是要比日后高的，因为今天的钱可以投资，在未来得到更多的钱。假设，利率是 66.7%，那么一般来说今天拿 60 元和一年后拿 100 元是没有多大区别的。但这次让人们选择在一年后拿到 60 元，或者在两年后拿到 100 元，结果大多数人会选择在两年后拿 100 元。也就是说，对于同样时间间隔的两笔收入

（一年），人们会因为收到钱的时间距离现在的不同，而做出不同的决策。即面对同样的事件，人们在现在这个时刻，与站在未来某个时间点上做出的决策相比，可能有所不同。1956 年，斯特罗茨①（Strotz）指出以幂函数为代表的贴现形式没有准确刻画消费者对于时间偏好不一致性的特征。1981 年，泰勒通过实验研究证实了消费者的日常消费决策对时间偏好的不一致性是很常见的。双曲线贴现模型的优势较好地刻画了消费者的时间偏好不一致问题，而且与经验事实相符，是因为其前提假设赋予当期效用较大的权重，赋予未来效用的权重较低。随着时间期限的不断扩大，消费者对即期消费的效用所赋予的权重不断变大。但该模型也存在着缺点，由于贴现函数是动态变化的，从而导致消费者偏好也随着时间的变化，这就增加了模型的复杂性，使得动态规划情况下求得最优解非常困难。另外一点是贴现率是在对实验参与者采取虚拟奖励的情况下得出的，而不是采用实际的货币奖励，从而缺少实际有效的激励，可能降低实验结果的可靠性。

动态自控偏好消费模型是由高尔和皮森德弗②（Gul and Pesendorfer）于 2004 年提出的，用来解决消费者自我控制不足导致的时间偏好不一致的问题。该模型主要阐明的是消费决策者的偏好等于消费获得的效用和抵制立即消费诱惑的负效用之和，由此，偏好变成了当期消费和当期可行消费的联合函数。高尔和皮森德弗将动态自控偏好消费模型中的偏好称为"承诺的偏好"，将双曲线贴现消

① Strotz, R. H. Myopia and inconsistency in dynamic utility maximization ［J］. Review of Economic Studies, 1956, 23 （3）: 165 –180.

② Gul, F. & W. Pesendorfer. Self—control and the theory of consumption ［J］. Econometrica, 2004, 72 （1）: 119 –158.

费模型中的偏好称为"可逆转的偏好"。前者可以规避偏好的动态变化，降低了计算的复杂性，提高了运算效率，也相应地增加了偏好中的选择决策因素。经过简单的处理就可以使得建立在承诺偏好之上的效用函数与消费计划直接相关，从而有助于求解出动态规划问题下的最优解，这也正是动态自控偏好消费模型的优势所在。

估测偏见消费模型是由勒文施泰因等[①]（Loewenstein et al.）于2003年首次提出的。消费者未来偏好可能与当前偏好产生巨大偏差，然而人们总是倾向于夸大未来偏好与当前偏好的相似性，这种现象被称为估测偏见。估测偏见的存在会导致个人高估当前消费对未来效用的影响，从而选择过早消费和延迟储蓄。估测偏见消费模型是以习惯形成的消费理论为基础，假设效用取决于当前消费和决定当前偏好的状态，后者是由除当期消费之外影响瞬时效用的一切因素决定的。总的说来，估测偏见的存在意味着改变了未来状态不能被完全预期到，消费者对未来状态的预期往往系统地受到当前状态的影响。所以，从某种程度上讲，估测偏见消费模型实际上是状态依存偏好的一种特殊形式。

1.2 新型社会保障概述

1.2.1 新型农村社会养老保险

新型农村社会养老保险（简称"新农保"）是以保障农村居民

---

① Loewenstein, G. et al. Projection bias in predicting future utility [J]. Quarterly Journal of Economics, 2003, 118 (4): 1209 – 1248.

年老时的基本生活为目的，由政府组织实施的一项社会养老保险制度，是国家社会保险体系的重要组成部分。按照《国务院关于开展新型农村社会养老保险试点的指导意见》（见附录 1）规定：养老待遇由社会统筹与个人账户相结合，与家庭养老、土地保障、社会救助等其他社会保障政策措施相配套，建立个人缴费、集体补助、政府补贴相结合的筹资模式。2009 年推行的新型农村社会养老保险有个人缴费、集体补助和政府补贴三个筹资渠道，农民每月（55元）基础养老金由中央财政直接支出每个参保农民在年满 60 周岁后就可直接按月领取。

（1）新型农村社会养老保险的意义。新型农村社会养老保险是一项惠及民生的重大举措，使"老有所养"的目标得以进一步实现。"新农保"的积极意义是多方面的，具体而言有以下几点：

首先，有利于农民生活水平的提高。"新农保"按照基础养老金和个人账户养老金相结合的原则，实施以个人缴费、集体补助和政府补贴的缴费方法，由中央或地方政府对基础养老金给予全额补贴，在农民 60 岁的时候可以领取至少 55 元的基础养老金，并按照渐进原则，逐步提高其待遇水平。尽管现阶段的保障水平较低，但相比之前的"老农保"已有很大进步，成功向社会养老迈进，在一定程度上减小了子女的经济负担，使农民养老无后顾之忧，增加其消费能力，提高了农民的生活质量，为其老年生活提供了保障。

其次，有利于破解城乡二元的经济和社会结构。长期以来，我国实施以农业促工业，以农村支持城市的发展策略，加之城市居民有包括养老、医疗等较为全面的社会保障体系，而农村居民在此方面的保障却极低或处于空缺状态的现实更加剧了我国城乡发展的二元化，城乡差距越来越大。从城市居民和农村居民人均可支配收入的角度看，1978 年的收入比例为 2.57∶1，此后呈迅速扩大趋势，到 2008 年收入差距比例上升为 3.31∶1，若再考虑城镇居民的各种社会保障、福利和津贴的话，城乡差距会更大。通过对农村居民推行普惠制的养老保险和之前的"新农合"双管齐下，有助于减轻农民的生活负担，缩小城乡之间的社会保障水平，也有助于将来实现城乡统一保障体系的链接，从而有益于加快农村劳动力的正常流动，扩大农民的就业渠道，增加非农收入，减小城乡居民的收入"剪刀差"，加快我国的城镇化进程，进而实现城乡统一发展的社会经济目标。

最后，有利于扩大内需和国民经济发展。我国的收入分配体系很不合理，资本主要流向政府和企业，工人和农民的收入普遍偏低。2001 年以来我国国民生产总值（GDP）平均以 8% 的速度增长，而人均收入增长却远低于经济增长，收入低的现实难以产生与产品生产相符合的国内需求。因此，我国经济的发展不得不依存于外部需求，为扩大竞争优势，往往通过降低工人工资、延长工作时间等手段，从而形成一种经济发展的恶性循环。面对 2008 年的金融危机，世界经济低迷、外部需求迅速下降的情况，扩大内需成为解决我国产品供应过剩问题的首要途径。我国约 3/5 的人口生活在农村，他们的生活需求潜力是巨大的，由于他们的社会保障水平低，对未来的不确定预期（养老、医疗、教育等）较大，极大地削弱了他们的消费能力。通过"新农保"的这一民生政策的实施，实际上就是增加了农民的收入水平，无疑会有助于降低他们对未来养老的担忧，增加消费，进而通过经济学中的乘数效应，促进我国经济的持续发展，实现真正意义上的富民强国。

（2）新型农村社会养老保险发展状况。实现"老有所养"是广大人民群众的热切期盼，也是社会保障的重要目标。根据党的十七大和十七届三中全会做出的决策部署，国家下大力气建立城乡社会养老保险制度。2009 年下半年，国务院决定开展新型农村社会养老保险试点，在中央财政里安排了一部分试点资金，大概在 10% 左右的县（市、区、旗）进行试点。从试点的节奏安排来看，国务院在指导意见里面也有了一个描述，就是"以后逐步扩大试点，然后在全国普遍实施，到 2020 年之前，普遍覆盖适龄的农村居民"。2011 年启动城镇居民社会养老保险试点。国务院决定在全国所有县级行政区全面开展新型农村社会养老保险和城镇居民社会养老保险工作。至此，我国覆盖城乡居民的社会养老保障体系基本建立。

建立新型农村社会养老保险制度工作推进顺利、进展迅速、成绩显著，超出预期。这说明，中央推行这项制度的重大决策"得民心、顺民意、解民忧"，得到了广大农民和农民工的衷心拥护，也得到了各方面的大力支持。在推进"新农保"制度试点工作中，中央与地方坚持从国情出发，确定了"保基本、广覆盖、有弹性、可持续"的基本指导方针。既考虑了我国农村居民养老保险的现实需要，也考虑了各级财政和农民的实际承受能力。实践证明，这个指导方针是"新农保"得以顺利推进的基本保障。"新农保"坚持政府引导、自愿参保的原则，引导和鼓励广大农村居民积极参保，各级财政加大投入，对农村居民参保缴费实施补贴，鼓励多缴费、长缴费。政府的强力引导，有效地调动了农民群众的参保积极性，大大加快了该项保险制度迈向全覆盖的步伐，国家层面坚持试点先行，稳步推进。2009 年下半年在全国部分县市启动"新农保"试点，2010 年扩大试点面，2011 年开展第 3 批试点，并部署了城镇居民社会养老保险试点。通过积极稳妥的试点，发现问题，解决问题，积累经验。到 2020 年基本实现了适龄农村居民"新农保"参保全覆盖，缴费标准设为每年 100 元、200 元、300 元、400 元、500 元 5 个档次，地方可以根据实际情况增设缴费档次。之前养老保险的缴费方式是多缴多得，也就是说缴费档次越高，到 60 岁退休以后，领取到养老金就越多，考虑到有的农民连最低档次的都交不上。因此从 2020 年开始，国家在农村实行贷款养老，经济条件差的农民可以申请低息贷款缴纳养老金。农民到了退休的年纪 60 岁以后，就可以领取到养老金，同时贷款农民需要从养老金里面拿出一部分用来还贷款。这样一来，农民不用交钱就可以领钱。从 2020 年开始，养老保险的新增补贴项目主要是针对土地被征用的这群人，也就是失地养老保险，因为这群人在失去土地以后，生活没有保障，更别说养老的问题了。因此国家在农村新增失地农民养老保险项目，失去土地的农民可以按照比例领取养老补贴，养老补贴的金额根据失去土地的面积决定的，也就是说失地越多，补贴越多。

1.2.2 新型农村合作医疗保险

新型农村合作医疗（简称"新农合"）是指由政府组织、引导、支持，农民自愿参加，个人、集体和政府多方筹资，以大病统筹为主的农民医疗互助共济制度。参加"新农合"的对象是：县辖区内农村户籍人口以户为单位参合；未参加城镇医疗保险和未以农民家庭为单位参加"新农合"的乡镇企业职工；外出打工、经商、上学的农村居民，因小城镇建设占用土地的农转非人员。要求农民整户参合是由"新农合"性质决定的，"新农合"是农民医疗互助共济制度，是政府帮群众，健康人帮助病人。它和商业保险的区别在于不管年龄大小、身体好坏都可以参加。以乡镇为单位，必须达到一定的比例才能保证有足够的健康人群来帮助病人。

"新农合"源于中国 20 世纪 50～70 年代发展起来的"合作医疗"制度。"合作医疗"制度在将近 50 年的发展历程中，先后经历了 20 世纪 40 年代的萌芽阶段、50 年代的初创阶段、60～70 年代的发展与鼎盛阶段、80 年代的解体阶段和 90 年代以来的恢复和发展阶段。1997 年，中央再次肯定合作医疗的作用。2002 年 10 月，中央和国务院发布《关于进一步加强农村卫生工作的决定》，准备在全国农村重新部署"合作医疗"制度。2003 年 1 月，国务院办公厅发出《关于建立新型农村合作医疗制度意见的通知》，将建立"新型农村合作医疗"制度作为解决农民"看病贵、看病难"问题的重要措施，列入全面建设小康社会和建设社会主义新农村的重要内容之一。2003 年 3 月，新修订的《中华人民共和国农业法》明确规定："国家鼓励、支持农民巩固和发展农村合作医疗和其他医疗保障形式，提高农民的健康水平。"同年起，卫生部、财政部、农业部开始安排一部分地区进行试点，探索建立"以大病统筹为主"的新型农民医疗互助供给制度。2004 年 1 月，国务院转发卫生部等 11 个部委发布的《关于进一步做好新型农村合作医疗试点工作的指导意见》（见附录2），提出进一步探索建立"以大额医疗费用统筹补助为主、兼顾小额费用补助"的保险模式，以推动合作医疗网络的扩大。2006年，中央一号文件要求各级政府增加投入，加强以乡镇卫生院为重点的农村医疗卫生设施建设，健全农村卫生服务和医疗救助体系，并在2010年建成基本覆盖农村居民的新型农村合作医疗制度。

新型农村合作医疗与过去的合作医疗相比，有显著不同：（1）新型农村合作医疗的保险基金主要由政府投入，有的乡村集体经济组织也给予资助，此两项投入超过总金额的3/4，农民个人缴纳部分不足1/4，有别于过去合作医疗仅是农民自己出钱、互助共济的形式。（2）新型农村合作医疗以"大病统筹"为主，重点是解决农民因患大病而出现的"因病致贫、因病返贫"问题，不同于过去的合作医疗主要解决"小伤小病"的机制。同时，新型农村合作医疗改变了过去资金使用上平均主义的报销办法，规定报销以大病统筹为主，把70%的资金用在大病、重病的报销上。（3）从统筹层次看，新型农村合作医疗主要以县为统筹和管理单位，而过去的合作医疗大多以村为统筹和管理单位。（4）新型农村合作医疗确立了报销的封顶线，不是过去的全部包干，以使更多的农民得到基金的支持。由于各地筹资水平不同，封顶线各有不同，目前最高封顶线为农民纯收入的6倍。（5）新型农村合作医疗基金专户存储、专款专用，在管理上实行收支分离、管用分开、封闭运行，禁止任何单位和个人违法挪用，与过去管用一体的模式有很大的不同。（6）新型农村合作医疗是在医疗服务市场化、商业化的背景下开展的，与过去合作医疗在医疗服务公益性开展背景不同，面临更多、更新的挑战。

　　"新农合"刚开始实施时，报销门槛较多。由于基金规模小，又无法控制医院收费，"新农合"要实现"以收定支、收支平衡"的目标，不能不突出对患者的制约，即对农民报销医药费用人为设立一道又一道门槛。在控制医药费用报销方面，试行期间全国各地"新农合"的做法在很多方面惊人的一致。下面以 2009 年河南省某县的规定为例，分析"新农合"报销中，到底有多少道门槛。根据该县 2009 年度《新型农村合作医疗制度实施方案》（以下简称《实施方案》）规定，第一道门槛是"大额为主，兼顾小额"，即补助主要是针对大病的大额费用，小额只能"兼顾"。第二道是"起付线"，起付线以下部分不予报销。第三道是"报销比例"，越是大医院，报销比例越低。第四道是"定点医疗机构"，即不在定点医院或未经批准同意的医院就医，不能报销。第五道是"封顶线"，即不论什么病，花了多少医药费，每人每年报销数额封顶。第六道是"门诊补助限制"，只有列举的大病门诊的"合理"费用才能报销，且全年不超过 1000 元。第七道是"限收费项目"，如检查费、化验费、拍片费等不予报销。第八道是"限医用设备和材料费"，如急诊输血、内置材料、一次性耗材费用只报 30%。第九道是"限用药种类"，只有批准的用药才能报销或报销一部分。第十道是"限治病种类"，如职业病、医疗事故、非生产性农药中毒等疾患的费用不予报销。第十一道是"限器官移植费用"，如进行器官移植或组织移植、安装人工器官等的购买费用不予报销。第十二道是"限生育就医费用"，如计划生育手术和男女不孕不育治疗等费用不予报销。第十三道是"限鉴定费用"，如各种司法鉴定、劳动鉴定费用等不予报销。第十四道是"限服务和护理费用"，如专家会诊费、救护费、护理费等不予报销。第十五道是"限意外伤害费用",如打架、斗殴、交通事故等医药费用不予报销。第十六道是"限不良费用",如性病、戒毒、自伤自残等医药费用不予报销。第十七道是"限基本医疗以外费用",如特需门诊、高等病房、矫形整容等费用不予报销。第十八道是"限保健费用",如各种体检、预防服药、接种等费用不予报销。按照该《实施方案》规定,不予报销的范围还有一些,恕不一一列举。以上看出,"新农合"报销中至少有整整"十八道门槛",而且各种手续、程序十分烦琐,报销周期长,其直接后果是农民看病自付费用比例过高,使这项以惠民为目的的措施变成了农民看病的"拦路虎"和"鸡肋"。根据"新农合"报销规则,农民看病即使符合报销条件,扣除不允许报销的费用,能报的也是所剩无几。

为更好地解决农村看病难、看病贵的问题,2018年"新农合"报销比例与2018年"新农合"报销范围都做了调整。2018年"新农合"报销范围为:参加人员在统筹期内因病在定点医院住院诊治所产生的药费、检查费、化验费、手术费、治疗费、护理费等符合城镇职工医疗保险报销范围的部分(即有效医药费用)。新型农村合作医疗基金支付设立起付标准和最高支付限额。医院年起付标准以下的住院费用由个人自付。同一统筹期内达到起付标准的,住院两次及两次以上所产生的住院费用可累计报销。超过起付标准的住院费用实行分段计算,累加报销,每人每年累计报销有最高限额。2018年"新农合"报销比例跟医疗机构的级别有关,如乡级、县级、市级、省级,其中又分一类、二类等,医院的级别越高,报销比例越低。"新农合"大病报销比例:(1)门诊统筹乡、村补助比例分别提高到

65%、75%；（2）一级医疗机构住院费用在 400 元以下者，不设起付线；（3）二级医疗机构补助比例提高到 75%~80%；（4）三级医疗机构补助比例提高到 55%~60%；（5）省三级医疗机构补助比例提高到 55%；（6）儿童先心病等 8 种大病"新农合"补助病种定额的 70%，肺癌等 12 种大病"新农合"补助病种定额力争达到 70%。

2020 年新政策规定"新农合"报销比例上调至 60%。村卫生室及村中心卫生室就诊报销 60%，每次就诊处方药费限额 10 元，卫生院医生临时补液处方药费限额 50 元。镇卫生院就诊报销 40%，每次就诊各项检查费及手术费限额 50 元，处方药费限额 100 元。二级医院就诊报销 30%，每次就诊各项检查费及手术费限额 50 元，处方药费限额 200 元。三级医院就诊报销 20%，每次就诊各项检查费及手术费限额 50 元，处方药费限额 200 元。中药发票附上处方每贴限额 1 元。镇级合作医疗门诊补偿年限额 5000 元。2020 年农村合作医疗缴费标准中将"新农合"和城镇居民医保合并，以后农村居民和城镇居民都参加城乡居民医保，享受同等的医疗待遇。"新农合"和城镇居民医保合并会在年底完成。这样的话以后一卡在手，异地报销难的问题也将得到解决了。从 2019 年开始，像高血压、糖尿病等疾病的门诊、用药费用都可以纳入医保报销范围内，这样也算是帮助这些慢性疾病患者减轻了经济压力、解决了用药负担。2020 年农村合作医疗报销范围包括以下几个方面：（1）大病报销范围，符合规定的大病医疗费用，以各省基本医疗保险、基本医疗保险医疗服务项目目录为准。（2）住院报销范围，住院报销包括药品报销以及治疗费报销，药品报销需要参考本省的药品报销目录；住院期间的治疗费、药费、化验费、检查费、手术费、住院费等属于可报销的医疗费用。（3）门诊报销范围，门诊报销包括药品报销以及检查费用报销，药品报销需是规定的药品；检查费用包括B超、心电图、化验费、治疗费、输液费等。

2020年的新冠肺炎疫情传播速度之快、感染范围之广、防控难度之大，属1949年以来发生的公共卫生事件之最。疫情爆发后，以习近平同志为核心的党中央迅速作出反应，打响了以人民为主体的疫情防控总体战、阻击战。在党中央的坚强领导下，中国采取了最全面、最严格、最彻底的防控举措，取得了重大战略成果。在这场没有硝烟的战争中，中国在疫情防控中一切工作的出发点和落脚点，都是人民群众的生命安全和身体健康，真正体现了我党对解人民之需、对人民负责、为人民谋福这一立党为公、执政为民本质要求的价值追求。突然爆发的新冠肺炎疫情既严重威胁到人民群众的生存权，也给患者家庭带来沉重的经济负担，因病致贫、因病返贫或成现实。为解除患病家庭的后顾之忧，在2020年1月22日新冠肺炎疫情爆发不久，国家医保局会同财政部明确提出"确保患者不因费用问题影响就医、确保收治医疗机构不因支付政策影响救治"的"两个确保"原则，将维护人民健康放在首要位置，全力以赴保障患者得到及时救治。治疗费用由医保、大病保险等按规定额度先行支付，由财政对余下的个人负担部分予以补助。据《抗击新冠肺炎疫情的中国行动》白皮书发布数据显示，截至2020年5月31日，中国确诊住院患者结算人数5.8万人次，总医疗费用13.5亿元，确诊患者人均医疗费用约2.3万元。其中，重症患者人均治疗费用超过15万元，一些危重症患者治疗费用几十万元甚至上百万元，全部由国家承担。这一政策的实施，不仅有利于减少患者医疗费用负担，也有力保护了公众健康，贯彻了以人民为中心的执政理念，进一步提高了人民群众的幸福感、安全感、获得感，也是保障 2020 年实现脱贫攻坚决战决胜的重要举措。

1.3　新型社会保障对农民消费行为影响机理

1.3.1　"新农保"制度对农民消费行为的影响机理

通过分析制度变迁特别是"新农保"制度变迁对农村居民消费的影响，从制度角度揭示我国农村居民耐用品消费水平、结构变化的机制及原因，希望为进一步扩大内需特别是农村居民的需求水平提供一方面的解释。制度变迁一般并不是直接作用于农村居民消费，而是通过影响农村居民的收入（预期收入）、消费观念等间接地作用于农村居民消费。这种传导机制主要有：制度变迁→农村居民收入→农村居民消费；制度变迁→农村居民财富保有量→农村居民的收入预期→农村居民的消费预期→农村居民消费；制度变迁→农村居民消费的不确定性→农村居民储蓄动机→农村居民消费；制度变迁→农村居民消费环境→农村居民消费结构；制度变迁→农村居民消费观念、习惯→农村居民消费。

"新农保"制度变迁遵循了"制度变迁→农村居民财富保有量→农村居民的收入预期→农村居民的消费预期→农村居民消费"

的路径。"新农保"制度的建立健全与农村居民消费是正相关的。在没有健全的"新农保"制度的情况下，农民靠土地得到的收入或者其他政策所带来的收入增加很大一部分会变成储蓄而不是消费。因为根据弗朗科·莫迪利安尼（F. Modiglianni）的生命周期消费理论，农村居民会根据整个生命周期来安排其消费，在没有健全的农村社会养老保障的情况下，农民会把所获得的收入储蓄起来以备将来使用，这样边际消费倾向就较低。随着包括农村医疗社会保险，农村社会救助，农村社会养老保险，农村社会优抚与农村社会福利等内容的农村社会保障制度的逐步建立和健全，农民的预期收入就较为可观和稳定，这时，农民的消费就大大增加，边际消费倾向也就会提高。

1.3.2 "新农合"制度对农民消费行为的影响机理

"新农合"制度变迁遵循了"制度变迁→农村居民消费的不确定性→农村居民储蓄动机（减少）→农村居民消费"这一路径。新型农村合作医疗制度的实施，降低了农民消费预期的不确定性，增加了农村居民的消费水平。从2003年起，新型农村合作医疗制度在部分县市试点到2010年逐步实现的基本覆盖全国农村居民，该制度的实施使农民就医问题基本得到了解决。这样农民的医疗有了保障，降低了其就医风险，农民将用于就医的储蓄释放出来用于消费，提高了农村居民的平均消费倾向，同时也提高了其边际消费倾向。随着新型农村医疗合作社制度等其他保障制度的不断完善和子女教育保障制度的建立和完善，农村居民的预期支出的不确定性会减小，这样就会大大提高农村居民的消费水平。

1.4　本 章 小 结

综合以上分析，探究国内国际双循环时代农民耐用品消费的影响因素及其需求预测，对于丰富和发展全面小康社会的行为消费理论，指引产业结构调整方向适应农民耐用品消费需求，加快推进新常态下经济发展方式转变具有积极的理论意义。基于行为消费理论，通过实证研究、灰色关联周期分析新型社会保障对农民消费行为的影响；并比较东、中、西部地区"新农合""新农保"对农民消费效应的差异和影响趋势。在此基础上探究新型社会保障对农民消费行为的影响机理和消费效应的差异，为经济新常态下通过农民消费扩大内需提供动力，有利于推进农村新型社会保障的不断完善，从而促进经济、社会的不断向前发展。

第 2 章

"新农保"首批试点地区农民耐用品消费促进效应分析

2.1 研究缘起

受国际市场需求低迷和国内经济结构调整的影响,我国对外出口增速放缓,对内投资增速降低,扩大内需成为新常态下发展经济的重要抓手,而目前消费对经济增长贡献度较低,尤其是农民(农村)消费。如何激发农民消费潜力,优化农民消费结构,提高农民耐用品消费成为当前我们亟须回答的现实问题。新型农村社会养老保险制度自 2009 年试点以来,体系不断完善、财政投入不断增加,相较于"新农保"试点以前减轻了参保农民在未来若干年后的养老负担,使得社会财富向边际消费倾向高的低收入群体转移(方匡南等,2013)。"新农保"尤其提高了农村 60 岁以上参保老人的经济独立性,同"五保供养制度""社区养老"(袁小良,2016)等制度共同发挥基本养老保障作用(肖云等,2016),使得参保老人对消费的需求有所增加（程令国等，2013）。"新农保"的实施不仅肩负着实现"老有所养"的政策目标，同时还承担着带动农村消费与扩大内需的战略任务（沈毅等，2013），尤其是扩大农民对耐用品的消费。具体来看，"新农保"首批试点地区参保农民与非参保农民的消费情况是否存在差异，尤其是耐用品消费？如果有差异，是什么原因导致了差异？由此，本章的分析样本采用 2010 年中国综合社会调查（CGSS）中的有关农户的"新农保"和消费观念等微观数据，回答以下两个问题：其一，首批试点地区"新农保"制度的实施是否有助于提升农民耐用品消费，同时考虑非制度因素消费观念的作用；其二，参保农民与非参保农民耐用品消费差异产生的原因。

2.2　作用机理与研究假设

2.2.1　作用机理

理论上，影响农民耐用品消费的因素有很多，除了家庭收入、经济状况以外，社会因素、个人因素、环境因素同样对农民耐用品消费有着重要影响。由于耐用品使用周期较长，农民对其购买表现为非连续性和一定的随机性，即农民购买耐用品不一定是理性行为，同时受社会制度、从众的观念、攀比的心理等因素影响（李树良，2016）。"新农保"的实施不但在一定程度上代替参保人实现了跨期消费规划所要进行的储蓄，使得农民倾向于减少预防性储蓄而增加消费（姜百臣，2010）；而且与政府、事业单位养老保险和城镇职工养老保险相比，"新农保"能够创造家庭福利代际"帕累托"改进的机会，为子女愿意与父母同住的两代人提供实现资源配置帕累托改进，达到优化配置资源的目的。因此，"新农保"的实施必然会对参保农民的预期收入、预防性储蓄以及对未来风险预期产生诸多的影响，使农民对未来预期更加乐观，预期收入有所增加。"新农保"对于年轻人来说，相当于储蓄式的个人账户和政府补助的结合，增加了其未来预期收入，从而使其有信心、有能力进行即期消费，甚至跨期或超前进行耐用品消费；对于参加"新农保"的老年人而言，60岁以后每月可以领到政府补助和自交费用的返还部分是明确的，相当于一种额外的收入，农民对待这种额外收入具有较高的边际消费倾向，每月领取的社保金为农民耐用品消费提供了一定的经济基础，所以"新农保"对农民耐用品消费具有较强的促进作用。

2.2.2 研究假设

基于以上理论阐述和"新农保"对参保农民预期收入与耐用品消费的传导作用机理分析可知，农民耐用品消费符合行为消费理论。由于农民的非完全理性和控制力不足，他们即使知道一生效用最大化的各期正确消费决策，执行起来也是很困难的。影响农民耐用品消费的因素众多，再加上耐用品使用周期较长，农民对其购买表现为非连续性和一定的随机性，即农民购买耐用品不一定是理性行为，同时受到社会制度、从众的观念、攀比的心理等因素影响，使得农村参保居民的消费观念发生改变，使得农民在消费时对时间的偏好表现为不一致。因此可以提出假设 2 - 1：

假设 2 - 1：农民对耐用品消费是非完全理性的，且对时间的偏好表现为不一致。

"新农保"作为新型农村社会保障制度在试点试行，必然会影响到参加"新农保"农民的预期收入、预防性储蓄以及对未来风险预期，会减少养老的预防性储蓄，使农民对未来预期更加乐观，其预期收入也随着参保年限的增长而一同增长。"新农保"对于年轻人来说，相当于储蓄式的个人账户和政府补助的结合，增加了其未来预期收入，从而使其有信心消费；对于农村老年人而言，参加"新农保"就意味着 60 岁以后每月可以领到明确的政府补助和自交费用的返还，相当于一种额外的保障性收入，农民对待这种额外保障性收入具有较高的边际消费倾向，每月领取的社保金为老年农民及其家庭的耐用品消费提供了一定的经济基础，所以"新农保"对农民耐用品消费具有较强的促进作用。由此提出假设 2 - 2：

假设 2 - 2：参加"新农保"的农民耐用品消费高于没有参加"新农保"的农民。

2.3　数据来源与指标说明、模型构建

2.3.1　数据来源与指标说明

2010 年中国综合社会调查采取的是多层次分层抽样的方法，对 12000 户家庭进行了调查，包含中国农户家庭的基本信息、参与"新

农保"、消费观念以及耐用品消费支出等与本研究密切相关的信息，其调查对象涵盖了中国大多数省份的 100 多个县（市、区）。剔除城镇和耐用品消费支出的缺失值后，最终筛选出"新农保"首批试点 17 个区域（东部地区 8 个、中部地区 5 个、西部地区 4 个）的 848 份考察样本。其中参加"新农保"的农户 558 个，没有参加的农户 290 个，参保率 65.80%。根据"C2 在您全家去年全年的总支出中，耐用品消费支出有多少"问题项测量农户耐用品消费情况。

自变量"新农保"根据问卷的"A61 您目前是否参加了以下社会保障项目"的回答予以设定：参加了 = 1，没有参加/不适用 = 0。消费观念分超前消费、即期消费两个维度，根据问卷"D1 首先，我们想了解一下您关于生活和消费的一些看法"中的 2 个回答项测量超前消费观念，另 2 个回答项测量即期消费观念。选定经济状况、健康程度、家庭年收入、家庭规模、非农工作经历、年龄、性别、教育、婚姻、赡养老人情况作为控制变量。因变量"耐用品消费"通过问题项"C2"对耐用品消费支出金额予以测量。各项指标的选取及说明见表 2 - 1。

表 2 - 1　　　　　　　　　指标的描述和定义

名称	符号	描述	定义
耐用品消费	DGC	在您全家去年全年的总支出中，耐用品消费支出有多少	具体数字（万元）
"新农保"	OSS	您目前是否参加了以下社会保障项目	参加了 = 1，没有参加/不适用 = 0
超前消费	DS	我周围的人有的名牌货，我也得有；"花明天的钱，圆今天的梦"，透支消费很正常	具体数字

名称	符号	描述	定义
即期消费	*IS*	买东西应该讲究实用,是不是名牌不重要; 有了多余的钱我首先考虑的是存起来	具体数字 (两问题回答反向赋值相加)
经济状况	*EC*	您家的家庭经济状况在当地属于哪一档	远低于平均水平=1,低于平均水平=2……远高于平均水平=5
健康程度	*HC*	您觉得您目前的身体健康状况是	很不健康=1,比较不健康=2……很健康=5
家庭年收入	*HI*	您家 2009 年全年家庭总收入是多少	具体数字(万元)
家庭规模	*HS*	您有几个子女; 家庭成员与您关系,目前是否与您一起居住	具体数字 是=1,否=0
非农工作经历	*NFW*	您工作经历及状况是	有非农工作经历=1,无=0
年龄	*AGE*	您的出生年份	2010-出生年份
性别	*SEX*	性别	男=1,女=0
教育	*EDU*	您目前的受教育年限是(包括目前在读的)	没有=0,小学=6,初中=9,高中、中职=12……研究生及以上=19
婚姻状态	*MON*	您目前的婚姻状况是	丧偶、离婚、已婚=1,未婚=0
赡养老人情况	*P*	您目前是否赡养老人	是=1,否=0

2.3.2 模型构建

研究耐用品消费的主流模型是 (S, s) 模型，它是由格鲁斯曼和拉罗克（Grossman and Laroque，1990）提出并系统论证，后来由加巴莱罗（Gaballero，1993）及加巴莱罗和恩格尔（Gaballero and Engel，1999）进行了完善。他们发现对某类"投资不可逆"和耐用品购买而言，消费家庭在时刻拥有的耐用品存量与其"目标存量"之比的对数 $Z_{it} = \log(K_{it} \mid X_{it})$ 是一个随机过程，存在 Z_{it} 的上界 U 和下界 L，当 $Z_{it} \in [L, U]$ 时不作调整，当 Z_{it} 达到上界（或下界）消费者即做出变卖（或购买）的决策，将耐用品存量调整到目标值 $Z_{it}^* = \ln(K_{it}^* \mid X_{it}) = 0$（樊潇彦，2007）。基于耐用品购买决策的离散性，(S, s) 模型准确地刻画了耐用品消费的微观决策机制，能够更好地解释家庭耐用品的购买行为。根据这一思想，考虑"新农保"、消费观念等因素，加入个体特征、家庭特征等控制变量，构建农民耐用品消费模型如下（变量符号参见表 2−1）：

$$\ln(dgc_{1i}) = Cons_1 + \beta_1 OSS_{1i} + \beta_2 DS_{1i} + \cdots + \beta_{12} P_{1i} + \varepsilon_1, \qquad (2-1)$$

$$\ln(dgc_{2i}) = Cons_2 + \beta_1 OSS_{2i} + \beta_2 IS_{2i} + \cdots + \beta_{12} P_{2i} + \varepsilon_2. \qquad (2-2)$$

为详细了解农民在不同水平下的耐用品消费的影响因素，可以运用分位数回归的方法进行判断。这个回归方法可以考虑到特殊情况的影响，弥补最小二乘估计方法在这方面的缺陷。具体建立模型如下：

$$Quant_\theta(dgc_i \mid X_i) = \beta^\theta X_i. \qquad (2-3)$$

式（2−3）中，$Quant_\theta(dgc_i \mid X_i)$ 代表第 i 组农民耐用品消费 dgc_i 在

给出的分位点 $q(0 < q < 1)$ 和影响因素向量的条件下的条件分布函数；X_i 是影响因素向量，$X_i = (x_1, x_2, x_3, \cdots, x_i) = (OSS, DS, \cdots, P)$，本章仅选择 $q(0.1、0.25、0.5、0.75、0.9)$ 五个分位点。

为了明确不同耐用品消费水平下两组农民耐用品消费差异的主要影响因素，本研究继续使用分位数分解方法对两组农民的耐用品消费差异进行分解。借鉴马查多和玛塔（Machado and Mata，2005）的方法，建立如下分位数分解模型：

$$\Delta = Q_\theta(dgc_1) - Q_\theta(dgc_2)$$

$$= [Q_\theta(dgc_1) - Q_\theta(dgc_{2|1})] + [Q_\theta(dgc_{2|1}) - Q_\theta(dgc_2)]. \qquad (2-4)$$

式（2-4）中，第一项表示特征差异，由农民的消费观念、个体禀赋等特征项的数值导致的耐用品消费差异；第二项表示系数差异，由影响因素消费倾向率的不同导致的耐用品消费差异。

2.4 实证分析结果与讨论

2.4.1 描述性统计分析

利用高斯（Gaussian，2003）非参数估计方法，按照是否参加"新农保"，分别计算得出首批试点地区选择样本的核密度函数图。如图 2-1 所示，在农村居民耐用品的低消费阶段，参加"新农保"与没有参加"新农保"的两组都有较高的密度函数值，没有参加"新农保"的农民耐用品消费密度函数值高于参加"新农保"的农民。在跨过耐用品的低消费阶段以后，两组农户的密度函数值先升后降，参加"新农保"的农民耐用品消费的密度函数值高于没有参加"新农保"的农民，而且图形分布一直延续到耐用品的高消费阶段。

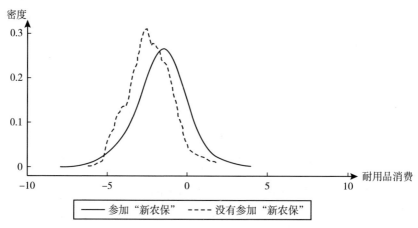

图 2 - 1   参加"新农保"和没有参加"新农保"农民的耐用品消费核密度函数

总之，按是否参保分成的两类农民耐用品消费的核密度函数图形的分布不同，参加"新农保"的农民耐用品消费高于没有参加"新农保"的农民，具有较高耐用品消费水平的农户多参加了"新农保"。

2.4.2   实证模型分析结果

如表 2 - 2 所示：第一，"新农保"制度有效促进农民耐用品消费。"新农保"系数为高度正值，且模型系数 0.968、0.962 和 0.961 分别通过了 1% 显著性检验，具有显著的统计学意义。说明参加"新农保"对农民耐用品消费具有显著正向影响，假设 2 - 2 得到验证。这与马光荣等（2014）所得出"新农保"促进消费的结论趋同，但他们的研究对象并没有直接针对农民耐用品消费。

表 2 - 2　　　　农民耐用品消费四种不同解释变量组合的回归结果

解释变量	（1）	（2）	（3）	（4）
OSS	0.968 *** （13.62）		0.962 *** （13.72）	0.961 *** （13.73）
DS	0.032 （1.49）	0.027 （1.20）		0.034 （1.59）
IS	− 0.001 （− 0.05）	− 0.011 （− 0.53）	− 0.006 （− 0.33）	
EC	0.053 （1.08）	0.041 （0.79）	0.041 （0.85）	0.045 （0.93）
HC	0.029 （0.92）	0.017 （0.52）	0.023 （0.73）	0.023 （0.73）
HI	0.085 *** （9.15）	0.067 *** （6.88）	0.081 *** （8.82）	0.081 *** （8.86）
HS	0.107 *** （7.66）	0.066 *** （4.45）	0.092 *** （6.58）	0.091 *** （6.51）
NFW	0.096 （1.43）	0.095 （1.35）	0.114 * （1.71）	0.097 （1.47）
AGE	− 0.015 （− 1.05）	− 0.014 （− 0.96）	− 0.016 （− 1.15）	− 0.015 （− 1.13）
AGE^2	0.0001 （0.79）	0.0001 （0.82）	0.0001 （0.88）	0.0001 （0.87）
SEX	0.002 （0.02）	0.016 （0.22）	0.013 （0.19）	0.007 （0.11）

续表

解释变量	（1）	（2）	（3）	（4）
EDU	0.004 (0.40)	0.002 (0.18)	0.003 (0.32)	0.002 (0.18)
MON	-0.218 (-2.03)	-0.213* (-1.89)	-0.205* (-1.93)	-0.212* (-2.00)
P	0.155 (1.08)	0.146 (0.97)	0.160 (1.13)	0.187 (1.32)
OSS×DS		0.055** (2.55)	0.097*** (6.30)	
OSS×IS		0.062*** (3.11)		0.091*** (6.44)
cons	-2.846*** (-7.33)	-2.268*** (-5.61)	-2.824*** (-7.59)	-2.982*** (-7.91)

注：***、**、*分别表示变量系数通过了1%、5%、10%的显著性检验。

第二，超前消费观念对农民耐用品消费的影响显著大于即期消费观念的影响。首先，超前消费观念的回归系数均大于超前消费观念的回归系数，说明超前消费观念对农民耐用品消费的促进作用较大；其次，超前消费观念三项回归系数均为正值，说明正向影响农民耐用品消费，即期消费观念的作用与之相反，都是负值。由此可见，农民在进行耐用品消费时对时间的偏好不一致，假设2-1得到验证。

第三，"新农保"与超前消费、即期消费正向交互影响农民耐用品消费。其对农民耐用品消费的交互作用的系数也为显著的正值，"新农保"不仅直接影响农民耐用品消费，而且通过消费观念间接影响农民的耐用品消费。说明参加"新农保"使农民对未来的预期收入更加乐观，增强了消费信心，提高了他们的消费倾向，"新农保"养老金发放和自交费用的返还也会直接增强其消费能力或者增强其支持家人进行耐用品消费的能力。所以，"新农保"与即期消费观念、超前消费观念的相互作用，促使农村居民减少"预防性储蓄"，提高即期消费、超前消费水平，实现耐用品消费。此结论与贺立龙等（2015）所得的结论有相似之处，但贺立龙等认为"新农保"对旅游、汽车消费等生活高层次消费影响不显著。

第四，家庭年收入、家庭规模的系数为高度显著的正值，说明家庭规模大、家庭年收入高的农民对耐用品的需求越大，越愿意进行耐用品消费；非农工作经历、健康程度的系数为正值，说明具有非农工作经历、身体健康的农民对耐用品消费较大；婚姻状态的系数为负值，说明已婚、丧偶、离婚的农民对耐用品消费少于未婚的农民，体现了新生代农民消费观念的转变。性别、教育、赡养老人情况的系数为正值，说明男性、受教育年限长、赡养老人的农民对耐用品消费高于女性、受教育年限短、未赡养老人的农民。

由于影响耐用品消费不同水平的农民个体存在差异，非制度因素消费观念所起的作用也可能存在不同。利用分位数回归和分解方法，进一步考察影响不同耐用品消费水平的因素，比较两组农民耐用品消费的差异。

分位数的回归结果如表 2 - 3、表 2 - 4 所示，本章选取了 0.1、0.25、0.5、0.75、0.9 五个分位点报告估计结果。超前消费的估计系数多数为正（仅 0.1、0.25 处为负），且参加"新农保"农民的回归系数值在分位数的高端高于没有参加"新农保"农民的回归系数值，说明参加"新农保"对农民超前消费观念和耐用品消费有正向促进作用，参加了"新农保"的农民对未来预期更加乐观，在一定程度上代替个人实现了跨期消费规划所要进行的储蓄，这就会使农民倾向于减少预防性储蓄而增加超前消费，加大对耐用品的消费；与超前消费系数相比，即期消费的系数多为负值，且参加"新农保"农民的回归系数值在分位数高端低于没有参加"新农保"农民的回归系数值，说明即期消费观念与超前消费观念作用相反。对于其他控制变量而言，健康程度、家庭年收入、家庭规模、非农工作经历的估计系数为正，且家庭年收入、家庭规模在两组数据中各分位点高度显著，说明农民的身体健康、家庭年收入、家庭规模、非农工作经历对耐用品消费有着不可替代的作用，可见农民增加收入对农民消费的重要性。经济状况在参保组的估计系数为正，且在没有参加"新农保"组多数分位点为负值，说明农民经济状况越好，越没有后顾之忧，越愿意增加对耐用品的消费，而不是把钱拿来存到银行；而在非参保组经济状况对农民耐用品消费有负向作用，存在挤出效应。在两组中教育的系数多为负值，表明农民受教育程度越高对耐用品消费的影响越小；婚姻状态的估计系数在各分位数点为负值，说明已婚、丧偶、离婚的农民对耐用品消费少于未婚的农民，体现了新生代农民消费观念的转变；赡养老人情况的估计系数在参加"新农保"组为正值且在高分位数点显著，说明赡养老人的农民对耐用品消费高于未赡养老人农民。

表 2 – 3 　　　　　参加"新农保"农民的耐用品消费的回归结果

解释变量	分位数回归				
	(1) $q=0.1$	(2) $q=0.25$	(3) $q=0.5$	(4) $q=0.75$	(5) $q=0.9$
DS	− 0.023 (− 0.40)	− 0.017 (− 0.43)	0.022 ** (0.84)	0.062 ** (2.16)	0.003 (0.07)

续表

解释变量	分位数回归				
	(1) $q=0.1$	(2) $q=0.25$	(3) $q=0.5$	(4) $q=0.75$	(5) $q=0.9$
IS	-0.006	0.022	0.018	0.019	-0.029
	(-0.11)	(0.56)	(0.73)	(0.71)	(-0.88)
EC	0.028	0.077	0.105 *	0.067	0.113
	(0.18)	(0.80)	(1.81)	(1.07)	(1.28)
HC	0.063	0.104	0.012	0.041	0.019
	(0.66)	(1.62)	(0.30)	(0.99)	(0.36)
HI	0.061 ***	0.073 ***	0.107 ***	0.124 ***	0.180 ***
	(3.65)	(2.59)	(9.15)	(13.24)	(16.91)
HS	0.203 ***	0.127 ***	0.072 ***	0.053 ***	0.049 **
	(4.23)	(4.29)	(4.20)	(3.09)	(2.42)
NFW	0.210	0.025	0.126	0.078	0.015
	(1.10)	(0.19)	(1.52)	(0.87)	(0.12)
AGE	0.005	-0.016 *	0.003	0.014	0.021
	(0.13)	(-0.59)	(0.18)	(0.68)	(0.86)
AGE^2	-0.0001	0.0001	-0.000	-0.0001	-0.0002
	(-0.36)	(0.37)	(-0.52)	(-0.77)	(-0.74)
SEX	-0.099	-0.006	0.084	-0.120	-0.230 *
	(-0.49)	(-0.04)	(1.01)	(-1.30)	(-1.90)
EDU	0.056 **	0.001	-0.007	-0.005	-0.008
	(2.04)	(0.07)	(-0.68)	(-0.39)	(-0.50)
MON	-0.334	-0.175	-0.105	-0.162	-0.704 ***
	(-1.05)	(-0.85)	(-0.80)	(-1.09)	(-3.46)
P	0.549	0.330	0.365 **	0.249	0.989 ***
	(1.34)	(1.16)	(1.98)	(1.25)	(3.76)
cons	-4.133 ***	-2.683 ***	-2.340 ***	-2.036 ***	-0.895
	(-3.47)	(-3.41)	(-4.77)	(-3.89)	(-1.37)

注：*** 、** 、* 分别表示变量系数通过了 1%、5%、10% 的显著性检验；q 代表分位数的分位点。

表 2 - 4   没有参加"新农保"农民的耐用品消费的回归结果

解释变量	分位数回归				
	(1) $q = 0.1$	(2) $q = 0.25$	(3) $q = 0.5$	(4) $q = 0.75$	(5) $q = 0.9$
DS	0.104***	0.057	0.096**	0.044	0.028
	(2.67)	(0.96)	(2.14)	(0.86)	(0.22)
IS	-0.007	0.020	-0.053	-0.078	0.043
	(-0.17)	(0.38)	(-1.31)	(-1.82)	(0.40)
EC	-0.057	0.122	-0.103	-0.237**	-0.002
	(-0.59)	(0.95)	(-0.98)	(-2.10)	(-0.01)
HC	0.076	0.025	0.051	0.076	0.076
	(1.37)	(0.29)	(0.78)	(1.14)	(0.50)
HI	0.084***	0.104***	0.109***	0.083***	0.093**
	(3.66)	(3.55)	(6.37)	(4.31)	(2.14)
HS	0.145***	0.079**	0.043	0.100***	0.047
	(5.51)	(2.09)	(1.45)	(3.20)	(0.58)
NFW	0.094	0.007	0.156	0.296	0.256
	(0.70)	(0.04)	(1.11)	(1.97)	(0.70)
AGE	-0.031	-0.053	-0.019	-0.042	-0.084
	(-1.57)	(-1.55)	(-0.71)	(-1.35)	(-1.09)
AGE^2	0.0004**	0.0006*	0.0002	0.0003	0.0007
	(2.15)	(1.73)	(0.76)	(1.00)	(0.96)
SEX	-0.348**	0.025	0.127	0.059	0.105
	(-2.53)	(0.13)	(0.91)	(0.40)	(0.30)
EDU	-0.028	-0.010	0.0007	0.007	0.015
	(-1.59)	(-0.40)	(0.03)	(0.34)	(0.28)
MON	-0.234	-0.094	-0.265	-0.267	-0.176
	(-1.27)	(-0.32)	(-1.17)	(-1.13)	(-0.30)

解释变量	分位数回归				
	(1) $q=0.1$	(2) $q=0.25$	(3) $q=0.5$	(4) $q=0.75$	(5) $q=0.9$
P	−0.660**	−0.372	0.058	0.015	−0.164
	(−2.52)	(−1.02)	(0.21)	(0.05)	(−0.28)
$cons$	−4.066***	−3.282***	−2.452***	−0.510	0.401
	(−6.23)	(−3.42)	(−3.24)	(−0.57)	(0.18)

注：***、**、* 分别表示变量系数通过了 1%、5%、10% 的显著性检验；q 代表分位数的分位点。

两组农民的耐用品消费差异的分位数分解结果如表 2 - 5 所示，两组农民的耐用品消费差距随着分位点的提高而不断提高，其差距主要是由特征值差异（消费观念与个人禀赋）和消费倾向率差异（系数差异）共同作用的结果。在不同的分位点上，特征值和消费倾向率对于农民耐用品消费差距的贡献存在差异，在低分位点上两组农民的耐用品消费差距主要由于特征值差异造成，但是随着分位点的逐渐提高，两组农民的耐用品消费差异主要由消费倾向率差异造成。

表 2 - 5　　　　　耐用品消费差异的分位数分解结果

分位数	总差异	特征差异		系数差异	
		差异值	差异比例（%）	差异值	差异比例（%）
0.10	0.159	0.116	72.57	0.044	27.43
0.25	0.183	0.120	65.54	0.063	34.46
0.50	0.432	0.146	33.80	0.286	66.20

分位数	总差异	特征差异		系数差异	
		差异值	差异比例（%）	差异值	差异比例（%）
0.75	0.672	0.200	29.71	0.472	70.29
0.90	1.924	0.442	22.97	1.482	77.03

分位数回归和分解的结果显示，对于没有参加新型农村养老保险的农民而言，健康程度、非农工作经历、受教育程度、性别、赡养老人情况等个人禀赋对于其耐用品消费具有重要影响；而对于参加"新农保"的农民来说，健康程度、性别、赡养老人情况等因素的影响已不再重要。他们更倾向于改变消费观念、增加非农收入来加强耐用品消费。消费倾向率成为两组农民耐用品消费差距逐渐拉大的重要原因，具有高边际消费倾向的农民对耐用品消费需求较大。另外，家庭年收入高、经济状况好的农民对高层次耐用品消费较大、数量较多。

2.5　本章小结与启示

基于2010年中国综合社会调查的微观数据，分析首批试点地区"新农保"对消费观念的影响以及二者对农民耐用品消费的影响，根据是否参加"新农保"将农民分成两组，采用分位数回归与分解法比较两组农民耐用品消费情况并分析非制度因素消费观念的中介作用。研究发现：（1）"新农保"使农民对未来预期收入更加乐观，从而增加了即期消费，实现了耐用品的消费。（2）"新农保"、消费观念正向影响农民耐用品消费，超前消费观念比即期消费观念影响大。（3）参加"新农保"的农民耐用品消费高于没有参加"新农保"的农民，"新农保"通过对农民消费观念的作用间接影响农民耐用品消费。（4）参保与未参保两组农民在耐用品消费分位数分布的高端差距更加明显，消费倾向率是差距拉大的重要原因。

根据研究结论有如下政策启示：第一，应不断扩大"新农保"制度试点范围，加大财政转移支付力度，积极鼓励农民参加"新农保"，提高参保率。对于没有参加"新农保"的农民而言，视其个人禀赋对消费的贡献程度，增加其他方面的保障，减轻农民养老生活负担，从而刺激农民的消费，扩大耐用品消费。第二，加强"新农保"参保知识的宣传力度，多方位引导农民学习"新农保"知识，提高农民对"新农保"的认识。鼓励多缴多得，多缴多补，鼓励地方财政配套，加大惠农参保政策的支持力度。对于首批试点区域参加新型农村养老保险的农民而言，尽可能统计量化"新农保"对消费促进作用，重新审视消费观念的改变对耐用品消费层次提升的影响。第三，实行城乡统一的社会养老保险制度，缩小二元体制下的社会养老制度差距。在完善"新农保"提高农民消费的同时，应千方百计地增加农民财产性收入，提升农民消费结构，不断扩大农村耐用品消费市场份额。第四，化解家庭"捆绑式"缴费的理解误区，积极鼓励家庭参保，参加"新农保"的人数越多，越有利于家庭的消费，尤其是耐用品消费，更是农民家庭消费的集中体现。所以，鼓励全家参保、全民参保对促进农民耐用品消费有重要意义。

第3章

"新农保"首批试点农民耐用品
消费层次与区域差异比较

3.1　研究缘起与综述

我国新型农村社会养老保险制度自 2009 年实施试点以来，不仅肩负着解决农村居民养老后顾之忧、实现"老有所养"的政策目标，同时还承担着带动农村消费与扩大内需的战略任务（沈毅等，2013），尤其是扩大农民对耐用品的消费。而且，"新农保"作为政府的正式社会保障制度，通过在试点区域的良好制度功效的展示，必定产生强大的内驱力，培育人们对制度心悦诚服的认同感以及对制度的由衷热爱和信任，从而延伸到社会信任的其他方面。然而在首批试点地区"新农保"促进农民生存型、发展型、享受型耐用品消费了吗？如果答案是肯定的，农民参加"新农保"与否对耐用品消费层次和不同区域（东部、中部、西部）的促进作用是否存在差异？为了回答这些疑问，本章以 2010 年中国综合社会调查的首批试点区域农户的微观数据为分析样本，在考虑样本农户社会信任、家庭、个人特征等因素的情况下，运用 Stata 分析软件，试着从定量的角度回答如上疑问。

弗里德曼（1957）、莫迪利安尼（1975）等权威专家从不同的角度研究得到社会保障对居民消费有正向的带动作用。弗尔德斯坦（1974）从消费函数分析入手，以美国 1927 ~ 1971 年时间序列数据为研究样本，得出美国在样本数据期间及以后的社会保障计划导致私人储蓄降低了 30% ~ 50%。而国内学者结合我国"新农保"实施的具体情况，研究成果颇多。贺立龙等（2015）得出，"新农保"对消费支出的影响因家庭特征不同而表现不同，"新农保"对家庭平均年龄 60 周岁以上的农民影响较大。"新农保"尤其提高了参保老人（60 岁以上）的经济独立性，使得参保老人对消费的需求有所增加（程令国等，2013）。岳爱等（2013）研究认为，提高农村社会保障水平，能够降低农村家庭养老等的预防性储蓄。同时得出参保农户的家庭日常费用支出显著高于未参保农户。而马红鸽（2016）认为，农户个人对村干部和"新农保"制度的信任程度显著影响农民的参保行为。国外学者对耐用品消费的研究多集中在模型的实证检验和参数估计上。莫雷诺（2014）认为在信息不对称的条件下，消费者对汽车、房屋等耐用品购买的保留价格的变化是有规律的，可以用参数化的模型来概括，随着模糊感知水平的减少汽车、房屋等耐用品隐含期权的价值也不断减少。结合新型农村社会保障的实施情况和其他影响因素，国内学者研究其对耐用品消费的影响颇多。李树良（2016）利用中国综合社会调查数据得出"新农保"能有效提高农村家庭生存型、发展型耐用品消费水平，且具有明显的地区差异。李树良（2016）和周亚军（2015）认为，新型农村社会保障、农民收入水平、消费观念与消费心理等因素都影响农民耐用品消费。因此，不断完善新型农村社会保障制度、增加农民收入、转变消费观念能够增强农民对未来的预期收益，提高消费档次，进行较高层次的耐用品消费，从而发挥消费对经济增长的基础促进作用。

从相关研究文献看，单独研究"新农保"对东、中、西部不同区域农民消费影响的不多。很少看到基于行为消费理论，利用微观权威数据进行的研究。而从"新农保"、社会信任角度研究农民耐用品消费层次的文章很少，至今鲜有研究者探讨试点区域"新农保"、社会信任对农民耐用品消费的影响。因此，本章以 2010 年中国综合社会调查（CGSS）"新农保"首批试点区域的 848 个农户微观数据为研究样本，通过建立模型，从定量的角度研究"新农保"对农民生存型、发展型、享受型耐用品消费的影响。并把东、中、西部地区参保农民各层次耐用品消费情况进行比较，试图在行为消费理论框架内揭示其影响机理，以便为政府及相关企业制定政策提供依据。

3.2 模型构建与数据说明

3.2.1 模型构建

本书将农民购买汽车（享受型消费）、电脑（发展型消费）、摩

托车（生存型消费）等耐用品消费决策理解成一个二向性（dichoto-
my）问题，即因变量为非此即彼的二元变量。故可将"农民耐用品
消费"设置为虚拟变量，令购买了耐用品的样本取值为"1"，没有
购买耐用品的样本取值为"0"。Logit 模型是分析二向性选择问题的
常用工具，其理论基础为二元选择理论。模型函数为概率分布函
数，具体表述如下：

$$p_i = F(C_i) = F(\alpha + \beta D_i + \mu) = \frac{1}{1 + e^{-C_i}} = \frac{1}{1 + e^{-(\alpha + \beta D_i)}} . \qquad (3-1)$$

式（3-1）中，$C_i = \alpha + \beta D_i + \mu$，$e$ 表示自然对数的底。它的估计式是：

$$\ln \frac{p_i}{1 - p_i} = C_i = \alpha + \beta D_i + \mu. \qquad (3-2)$$

式（3-1）、式（3-2）中，p_i 为农民购买耐用品的概率，β 为待
估计参数，D_i 为解释变量向量，μ 为误差项。

农户是否参保都是根据具体情况而定的，不是通过抽签来决定
的。农户会考虑家庭因素、"新农保"因素、对国家政策熟悉程度
等因素来决定是否参保。此时都会因为农民选择行为产生选择性样
本问题，为了分析结论的有效性要修正样本选择性偏差。本章运用
赫克曼修正法修正样本选择性偏差，得到修正的耐用品消费模型如
下［具体修正过程详见李树良（2016a）］：

$$\sum_{i=1}^{3} DGC_{0i} = \beta_0' X_i + \beta_{\lambda 0} \lambda_{0i} + w_{0i} \quad (OSS_i = 0), \qquad (3-3)$$

$$\sum_{i=1}^{3} DGC_{1i} = \beta_1' X_i + \beta_{\lambda 1} \lambda_{1i} + w_{1i} \quad (OSS_i = 1). \qquad (3-4)$$

3.2.2　数据来源与指标说明

2010 年中国综合社会调查采取的是多层次分层抽样的方法，对

12000 户家庭进行了调查，包含中国农户家庭的基本信息、参与"新农保"、社会信任以及耐用品消费等与本研究密切相关的信息，其调查对象涵盖了中国大多数省份的 100 多个县（市、区）。根据问卷区县代码筛选首批试点区域，最终得到 848 份考察样本，其中参加"新农保"的农户有 272 个，参保率 32.08%，没参加的农户有 576 个，未参保率 67.92%。"新农保"首批试点区域考察样本涵盖了 17 个县（市、区）。其中，东部地区有 8 个县（市、区）共 229 个样本，中部地区有 5 个县（市、区）共 358 个样本，西部地区有 4 个县（市、区）共 261 个样本。

根据问卷的"A61 您目前是否参加了以下社会保障项目"对自变量进行测定：参加了 =1，没有参加/不适用 =0。社会信任分大众信任、陌生人信任两个维度，根据问卷 A33 和 A34 项的回答测量。选定家庭年收入、家庭规模、经济状况、赡养老人情况等作为家庭和个人特征控制变量。因变量"农民是否消费耐用品"通过问题项"C9"农民对家用小汽车、电脑、摩托车的购买情况设定二元变量予以测量（购买赋值为 1，没有购买/不适用赋值为 0），并通过对购买时间的回答测定其是否在"新农保"制度出台前购买，制度出台前购买赋值为 0，制度出台后购买赋值为 1。各项指标的选取及说明见表 3-1。

表 3-1   各项指标的描述和定义

名称	符号	描述	定义
耐用品消费	DGC	以下大件商品，您家是否购买？何时购买	购买 =1，没有/不适用 =0

续表

名称	符号	描述	定义
"新农保"	OSS	您目前是否参加了以下社会保障项目	参加了 = 1，没有参加/不适用 = 0
大众信任	PT	您是否同意社会上，绝大多数人是可以信任的	完全不同意 = 1……完全同意 = 5
陌生人信任	ST	您是否同意您一不小心，别人就会占您便宜	完全同意 = 1……完全不同意 = 5（两问题回答反向赋值相加）
家庭年收入	HI	您家 2009 年全年家庭总收入是多少	具体数字（万元）
家庭规模	HS	您有几个子女	具体数字
		家庭成员与您关系，目前是否与您一起居住	是 = 1，否 = 0
经济状况	EC	您家的家庭经济状况在当地属于哪一档	远低于平均水平 = 1，低于平均水平 = 2……远高于平均水平 = 5
教育	EDU	您目前的受教育年限是（包括目前在读的）	没有 = 0，小学 = 6……研究生及以上 = 19
健康程度	HC	您觉得您目前的身体健康状况是	很不健康 = 1，比较不健康 = 2……很健康 = 5
年龄	AGE	您的出生年份	2010 - 出生年份
性别	SEX	性别	男 = 1，女 = 0
赡养老人情况	P	您目前是否赡养老人	是 = 1，否 = 0

3.3 分析结论与讨论

3.3.1 描述性统计分析

在东、中、西部地区，按是否参加"新农保"直观比较两类农民的耐用品消费情况。由表 3 – 2 可知，首先，从全国范围来看（不含港澳台地区），参加"新农保"农民的耐用品消费数量高于没有参加"新农保"的农民耐用品消费。参加"新农保"农民的汽车（享受型消费）拥有量为每万人 993 辆，远远高于没参保农民的汽车拥有量；参保农民的发展型消费（电脑）拥有量为每万人 3640 台，是没有参加"新农保"的 10 多倍；参加"新农保"农民的摩托（生存型消费）拥有量（每万人 7831 辆）远高于没有参加"新农保"农民的摩托车拥有量（每万人 4566 辆）。其次，从东、中、西部地区来看，所有地区参加"新农保"农民的耐用品消费数量皆高于没有参加"新农保"的农民耐用品消费数量。东部地区的差异最小，参加"新农保"农民的汽车（享受型消费）、电脑（发展型消费）和摩托车（生存型消费）拥有量分别比没有参保农民拥有量多 464 辆、603 台、43 辆；中部地区次之，参保农民的汽车、电脑和摩托车拥有量分别比没有参保农民拥有量多 715 辆、2713 台、3085 辆；西部地区发展型、生存型消费差距最大，享受型消费差距次之。

表 3 - 2   "新农保"对农民耐用品消费影响的描述性统计（每万人）

类别	全国		东部地区		中部地区		西部地区	
	参加	未参加	参加	未参加	参加	未参加	参加	未参加
汽车消费量（辆）	0.0993	0.0330	0.0833	0.0369	0.0978	0.0263	0.1012	0.0430
电脑消费量（台）	0.3640	0.0260	0.0833	0.0230	0.2826	0.0113	0.4286	0.0753
摩托车消费量（辆）	0.7831	0.4566	0.4167	0.4124	0.7935	0.4850	0.8036	0.4086

注：以上结果是基于中国综合社会调查（CGSS）数据的统计分析所得。

3.3.2   实证模型分析结果

模型的回归结果如表 3 - 3 ~ 表 3 - 6 所示，模型整体在 1% 的显著性水平下通过了 F 检验，由此可得如下结论。

表 3 - 3   全国"新农保"对农民汽车、电脑、摩托车等

耐用品消费的回归结果

解释变量	汽车（享受型）		电脑（发展型）		摩托车（生存型）	
	（1）	（2）	（3）	（4）	（5）	（6）
OSS	1.0854 *** (3.22)		3.5994 *** (9.90)		1.5007 *** (8.15)	
PT	− 0.1403 (− 0.95)	− 0.2660 (− 1.33)	− 0.0373 (− 0.29)	− 0.4632 ** (− 2.23)	− 0.1013 (− 1.31)	− 0.1748 ** (− 2.13)
ST	0.1714 (1.18)	0.1184 (0.58)	0.1001 (0.83)	0.5098 ** (2.04)	0.0634 (0.94)	0.1019 (1.35)

解释变量	汽车（享受型）		电脑（发展型）		摩托车（生存型）	
	（1）	（2）	（3）	（4）	（5）	（6）
HI	0.1240 **	0.1263 **	0.3124 ***	0.3003 ***	0.0554	0.0564
	（2.08）	（2.14）	（5.27）	（5.28）	（1.19）	（1.21）
HS	−0.0330	−0.0322	0.0263	0.0245	−0.0206	−0.0231
	（−0.38）	（−0.37）	（0.37）	（0.35）	（−0.50）	（−0.56）
EC	0.3957	0.3999	0.4463 **	0.4569 **	0.6427 ***	0.6432 ***
	（1.50）	（1.53）	（2.16）	（2.24）	（5.69）	（5.71）
EDU	0.1464 ***	0.1457 ***	0.2481 ***	0.2447 ***	0.0591 ***	0.0591 ***
	（2.84）	（2.80）	（5.54）	（5.51）	（2.81）	（2.82）
HC	−0.0051	−0.0142	0.1796	0.1535	0.1061	0.0995
	（−0.03）	（−0.09）	（1.46）	（1.26）	（1.42）	（1.34）
AGE	0.1069	0.1100	−0.0078	−0.0036	−0.0728 **	−0.0734 **
	（0.94）	（0.96）	（−0.11）	（−0.05）	（−2.10）	（−2.11）
AGE^2	−0.0017	−0.0017	−0.0002	−0.0002	0.0005	0.0005
	（−1.32）	（−1.35）	（−0.22）	（−0.30）	（1.53）	（1.52）
SEX	0.1759	0.1854	0.3392	0.3592	0.1337	0.1408
	（0.53）	（0.56）	（1.25）	（1.34）	（0.84）	（0.89）
P	0.0541	0.0275	−0.5107	−0.5990	0.0534	0.0537
	（0.08）	（0.04）	（−0.85）	（−1.02）	（0.16）	（0.16）
$OSS \times PT$		0.2002		0.5445 ***		0.2593 **
		（0.90）		（2.59）		（2.31）
$OSS \times ST$		0.0958		0.5113 **		0.1469 **
		（0.39）		（1.96）		（2.10）
λ_i	0.3534	0.3298	0.1688	0.1801	0.4563 ***	0.4622 ***
	（1.47）	（1.44）	（1.32）	（1.49）	（5.21）	（5.42）

续表

解释变量	汽车（享受型）		电脑（发展型）		摩托车（生存型）	
	（1）	（2）	（3）	（4）	（5）	（6）
cons	− 8. 7772 ***	− 8. 1663 ***	− 7. 7215 ***	− 4. 8940 ***	0. 5858	1. 0823
	（− 3. 31）	（− 3. 06）	（− 4. 32）	（− 2. 77）	（0. 57）	（1. 05）
F 值	69. 39 ***	68. 70 ***	291. 86 ***	283. 53 ***	196. 42 ***	191. 53 ***

注：***、** 分别表示变量系数通过了 1%、5% 的显著性检验。

表 3 - 4   东部地区"新农保"对农民汽车、电脑、

摩托车耐用品消费的回归结果

解释变量	汽车（享受型）		电脑（发展型）		摩托车（生存型）	
	（1）	（2）	（3）	（4）	（5）	（6）
OSS	0. 8091		3. 6257 ***		− 0. 4188	
	（0. 51）		（6. 21）		（− 0. 58）	
PT	− 0. 3816	− 0. 5991	− 0. 1267	− 0. 4798	− 0. 0799	− 0. 0671
	（− 0. 79）	（− 1. 14）	（− 0. 53）	（− 1. 15）	（− 0. 58）	（− 0. 47）
ST	0. 5139	0. 6604	0. 0725	− 0. 3356	− 0. 1293	− 0. 1368
	（1. 13）	（1. 30）	（0. 25）	（− 1. 57）	（− 0. 98）	（− 1. 01）
HI	0. 2502 *	0. 2553 *	0. 4639	0. 4178	0. 2335 **	0. 2394 **
	（1. 77）	（1. 70）	（1. 07）	（1. 08）	（2. 22）	（2. 26）
HS	0. 2248	0. 2486	0. 3935	0. 3785	0. 1005	0. 0994
	（0. 90）	（1. 00）	（1. 34）	（1. 31）	（1. 21）	（1. 19）
EC	0. 2797	0. 1390	0. 4718 ***	0. 5537 ***	0. 7525 ***	0. 7571 ***
	（0. 43）	（0. 20）	（4. 61）	（5. 11）	（3. 45）	（3. 46）
EDU	0. 1948	0. 2927	0. 0488	0. 0456	0. 0420	0. 0409 **
	（1. 31）	（1. 62）	（0. 09）	（0. 09）	（1. 04）	（1. 01）

解释变量	汽车（享受型）		电脑（发展型）		摩托车（生存型）	
	(1)	(2)	(3)	(4)	(5)	(6)
HC	-0.2129 (-0.44)	-0.2351 (-0.47)	-0.1089 (-1.02)	-0.1443 (-1.35)	0.0741 (0.47)	0.0694 (0.44)
AGE	1.3643 (1.52)	1.8560 (1.63)	0.0012 (1.27)	0.0017 (1.58)	-0.0193 (-0.30)	-0.0198 (-0.31)
AGE^2	-0.0214 (-1.61)	-0.0289* (-1.71)	0.7879 (1.53)	0.7567 (1.52)	-0.0000 (-0.05)	-0.0000 (-0.04)
SEX	-0.0808 (-0.09)	-0.4838 (-0.50)	0.3956*** (3.70)	0.4124*** (3.69)	0.5735* (1.81)	0.5819* (1.83)
P	-0.9693 (-0.36)	-1.1389 (-0.40)	-0.0767 (-0.09)	-0.0633 (-0.08)	-0.4353 (-0.61)	-0.4681 (-0.64)
$OSS \times PT$		-1.6821 (-1.58)		0.9587** (2.15)		0.2030 (0.65)
$OSS \times ST$		-0.9829 (-1.05)		0.6832 (1.38)		0.0040 (0.01)
λ_i	0.7785 (1.31)	0.7802 (1.38)	0.5688 (1.10)	0.5609 (1.07)	1.2203*** (6.35)	1.2322*** (6.47)
$cons$	-26.7957* (-1.81)	-34.6448* (-1.87)	-11.1152*** (-3.27)	-7.9886** (-2.50)	-2.0671 (-1.04)	-2.0699 (-1.04)
F 值	32.23***	34.70***	43.13***	48.39***	53.07***	53.78***

注：***、**、*分别表示变量系数通过了1%、5%、10%的显著性检验。

表 3 - 5 中部地区 "新农保"对农民汽车、电脑、摩托车耐用品消费的回归结果

解释变量	汽车（享受型）		电脑（发展型）		摩托车（生存型）	
	（1）	（2）	（3）	（4）	（5）	（6）
OSS	0.7828		4.0759***		1.1913***	
	(1.22)		(4.80)		(3.67)	
PT	- 0.2887	- 0.1608	- 0.0054	- 0.7922*	- 0.1820	- 0.2355*
	(- 1.04)	(- 0.43)	(- 0.02)	(- 1.66)	(- 1.43)	(- 1.76)
ST	0.0321	- 0.2303	- 0.5015*	- 0.6949	- 0.1487	- 0.1728
	(0.11)	(- 0.60)	(- 1.74)	(- 1.10)	(- 1.35)	(- 1.48)
HI	0.4013**	0.4103**	0.4659***	0.4325***	0.2320**	0.2361**
	(2.42)	(2.37)	(3.69)	(3.46)	(2.36)	(2.39)
HS	- 0.0951	- 0.0990	0.0059	- 0.0003	- 0.0534	- 0.0549
	(- 0.49)	(- 0.50)	(0.04)	(- 0.00)	(- 0.83)	(- 0.86)
EC	0.6818	0.6686	0.1003	0.2607	0.6031***	0.6068***
	(1.13)	(1.10)	(0.19)	(0.51)	(3.20)	(3.22)
EDU	0.2324*	0.2389*	0.4972***	0.4471***	0.0758**	0.0752**
	(1.90)	(1.85)	(3.73)	(3.63)	(2.26)	(2.24)
HC	- 0.0159	0.0048	0.2259	0.1439	0.0831	0.0755
	(- 0.04)	(0.01)	(0.74)	(0.48)	(0.69)	(0.62)
AGE	0.4480	0.4614	- 0.1335	- 0.1560	- 0.0942*	- 0.0932*
	(1.51)	(1.52)	(- 1.22)	(- 1.41)	(- 1.89)	(- 1.87)
AGE^2	- 0.0063*	- 0.0065*	0.0017	0.0018*	0.0007	0.0006
	(- 1.68)	(- 1.68)	(1.61)	(1.73)	(1.48)	(1.43)
SEX	- 0.1521	- 0.2319	0.8690	0.7894	- 0.2234**	- 0.2316**
	(- 0.22)	(- 0.33)	(1.45)	(1.34)	(- 0.88)	(- 0.91)
P	- 0.8765	- 1.0118	0.8308	0.1917	0.3963	0.3981
	(- 0.60)	(- 0.68)	(0.74)	(0.17)	(0.78)	(0.78)

解释变量	汽车（享受型）		电脑（发展型）		摩托车（生存型）	
	（1）	（2）	（3）	（4）	（5）	（6）
$OSS \times PT$		0.2524		0.9326 *		0.1981
		(0.58)		(1.86)		(0.95)
$OSS \times ST$		0.5567		0.2052		0.1249
		(1.15)		(0.31)		(0.50)
λ_i	0.2356	0.2298	0.1862	0.1704	−0.7838 ***	−0.7900 ***
	(0.89)	(0.86)	(0.96)	(0.99)	(−6.85)	(−6.88)
$cons$	−13.7025 **	−13.6193 **	−8.3071 **	−3.5631 **	1.6486	1.9769
	(−2.13)	(−2.07)	(−2.25)	(−1.02)	(1.06)	(1.27)
F 值	48.89 ***	50.02 ***	108.16 ***	105.51 ***	95.47 ***	94.68 ***

注：*** 、** 、* 分别表示变量系数通过了 1%、5%、10% 的显著性检验。

表 3 – 6　　西部地区"新农保"对农民汽车、电脑、摩托车耐用品消费的回归结果

解释变量	汽车（享受型）		电脑（发展型）		摩托车（生存型）	
	（1）	（2）	（3）	（4）	（5）	（6）
OSS	0.6078		2.8356 ***		2.0604 ***	
	(1.01)		(4.99)		(6.25)	
PT	−0.1732	−0.1670	−0.4026 **	−0.4782	−0.0827	−0.5253 **
	(−0.64)	(−0.35)	(−2.19)	(−1.49)	(−0.52)	(−2.46)
ST	0.1935	0.4923	−0.0032	−0.6904 *	0.1338 **	0.3230
	(0.93)	(1.00)	(−0.02)	(−1.65)	(1.03)	(1.54)
HI	−0.0583	−0.0536	0.2259 **	0.2248 ***	−0.1598 **	−0.1658 **
	(−0.42)	(−0.39)	(2.47)	(2.59)	(−2.04)	(−2.05)

续表

解释变量	汽车（享受型）		电脑（发展型）		摩托车（生存型）	
	（1）	（2）	（3）	（4）	（5）	（6）
HS	− 0.0786	− 0.0718	0.0775	0.0747	− 0.0677	− 0.0783
	（− 0.63）	（− 0.57）	（0.82）	（0.78）	（− 0.84）	（− 0.97）
EC	0.4383	0.4376	0.5867 **	0.6081 **	0.5549 ***	0.5715 ***
	（1.21）	（1.22）	（2.20）	（2.29）	（2.64）	（2.69）
EDU	0.0813	0.0759	0.2141 ***	0.2181 ***	0.0451	0.0392
	（1.16）	（1.07）	（3.89）	（3.94）	（1.10）	（0.97）
HC	0.0008	0.0011	0.2443 *	0.2155	0.1016	0.0848
	（0.00）	（0.01）	（1.65）	（1.47）	（0.76）	（0.64）
AGE	0.3369 *	0.3488 *	0.0613	0.0701	− 0.1083 *	− 0.1138 *
	（1.91）	（1.94）	（0.74）	（0.82）	（− 1.79）	（− 1.85）
AGE^2	− 0.0035 *	− 0.0036 **	− 0.0010	− 0.0011	0.0009	0.0009
	（− 1.93）	（− 1.96）	（− 1.18）	（− 1.26）	（1.55）	（1.57）
SEX	0.1808	0.1718	0.0777	0.1221	0.1052	0.1238
	（0.38）	（0.36）	（0.22）	（0.35）	（0.34）	（0.40）
P	0.1842	0.2368	− 1.0704	− 1.1583	− 0.1825	− 0.2373
	（0.16）	（0.21）	（− 1.32）	（− 1.43）	（− 0.25）	（− 0.33）
$OSS \times PT$		0.4087		0.1256		0.7419 ***
		（0.84）		（0.38）		（3.37）
$OSS \times ST$		0.3545		0.7643 *		0.2840
		（0.68）		（1.76）		（1.11）
λ_i	− 0.2105	− 0.2133	0.0798	0.0811	2.6024 ***	2.5966 ***
	（− 0.54）	（− 0.61）	（0.35）	（0.38）	（13.67）	（13.38）
cons	− 13.2039 ***	− 13.0051 ***	− 6.7812 ***	− 4.5447 **	0.8543	2.3565
	（− 2.84）	（− 2.75）	（− 2.96）	（− 1.96）	（0.47）	（1.25）
F 值	14.80 ***	14.69 ***	108.78 ***	107.05 ***	64.27 ***	63.87 ***

注：***、**、*分别表示变量系数通过了1%、5%、10%的显著性检验。

（1）在试点区域"新农保"对农民耐用品消费有明显的促进作用，且根据地区分布不同，对各层次耐用品消费促进作用也不同，即"新农保"对农民生存型（摩托车）、发展型（电脑）耐用品消费影响显著。从全国（见表3-3）回归结果来看，"新农保"均在1%的显著性水平下正向影响农民对摩托车（生存型）、电脑（发展型）、汽车（享受型）等耐用品的消费。从中部（见表3-5）、西部地区（见表3-6）来看，在1%的显著性水平下"新农保"正向影响农民对于电脑（发展型）、摩托车（生存型）的购买，对汽车（享受型）耐用品消费影响不显著；就东部地区（见表3-4）而言，在1%的显著性水平下"新农保"正向显著影响农民对于电脑（发展型）的购买；就回归系数而言，"新农保"比较显著地促进了农民对电脑（发展型平均系数3.5994）的购买，其次是较显著地促进了摩托车（生存型平均系数1.5007）的购买，最后是促进了对汽车（享受型平均系数1.0854）的购买。

"新农保"在试点区域的开展，影响到参保农户的预期收入、预防性储蓄以及对未来风险预期，会减少养老的预防性储蓄，使农民对未来预期更加乐观，其预期收入也随着参保年限的增长而一同增长。"新农保"对于年轻人来说，相当于储蓄式的个人账户和政府补助的结合，增加了其未来预期收入，从而使其有信心消费；对于参保的老年人而言，60岁以后每月可以领到政府补助和自交费用的返还部分是明确的，相当于一种额外的保障性收入，农民对待这种额外保障性收入具有较高的边际消费倾向，每月领取的社保金为老年农民及其家庭的耐用品消费提供了一定的经济基础，所以"新农保"对农民耐用品消费具有较强的促进作用。"新农保"在试点地区的消费促进效应明显存在地区差异，这与各地区的经济发展水平和农村居民的消费能力是分不开的。

（2）相对于社会信任的大众信任而言，陌生人信任能够较大地促进农民耐用品消费。就全国（见表 3 - 3）而言，陌生人信任对农民各层次耐用品的回归系数都是正值，且电脑的系数通过 5% 的显著性检验，说明农民对陌生人信任中介变量正向影响农民对摩托车（生存型）、电脑（发展型）、汽车（享受型）耐用品消费，对电脑（发展型）这种耐用品消费影响较显著；大众信任变量对汽车、电脑、摩托车的回归系数都是负值，且对摩托车、电脑的一项系数分别通过了 5% 的显著性检验说明大众信任对农民各层次耐用品消费存在挤出效应且对摩托车、电脑挤出效应较显著。从各地区来看，大众信任、陌生人信任变量在东部地区（见表 3 - 4）回归系数多数为负值（仅 3 项为正值），说明社会信任对农民各层次耐用品消费的促进作用在东部地区存在较大的挤出效应；中部地区（见表 3 - 5）和东部地区表现一致，社会信任在此地区的回归系数基本为负值（仅 1 项为正值），说明社会信任在中部地区对农民各层次耐用品消费存在挤出效应；西部地区（见表 3 - 6）的情况和全国较相似，陌生人信任正向影响农民对摩托车、电脑、汽车等耐用品消费，大众信任对农民各层次耐用品消费存在挤出效应。

就个体而言，社会资本意味着帮助个体获取成功而建立互利互惠、信任关系的途径，也就是通常我们所说的"社会信任"。现阶段，国内农村市场的消费环境中存在一些不规范方面，如农村假冒伪劣现象还没有得到有效遏制，消费安全问题比较突出，保护消费者权益的法律法规不够健全，部分农民消费观念和意识比较薄弱等。因此，基于一定社会信任的消费环境的建设成为一项系统而又艰巨的任务，不仅需要充足的物质资本，而且需要丰富的人力资本和社会资本的投入。而且，社会资本中的社会信任对和谐消费环境的建设起着其他资本无法替代的作用。

（3）"新农保"不仅直接影响农民耐用品消费，而且通过社会信任的间接作用影响农民各层次的耐用品消费。从全国（见表3-3）的"新农保"与大众信任、陌生人信任的交互项回归结果看，交叉项正向、较显著影响农民的摩托车（生存型）、电脑（发展型）消费；正向影响农民的汽车（享受型）消费。这是因为"新农保"是与家庭养老、土地保障、社会救助等其他社会保障措施相配套发挥基本养老保障功能，能够在一定程度上促进农民对生存型（摩托车）、发展型（电脑）耐用品消费，对享受型（汽车）耐用品消费的支持力度不强，目前"新农保"的保障作用还难以起到显著地提升农民消费结构和消费层次的作用。从各地区的"新农保"与大众信任、陌生人信任的交互项回归结果看，在东部地区（见表3-4），"新农保"与享受型（汽车）耐用品即期消费观念交叉项的系数为负值，表明它对农民该层次耐用品消费具有负向作用，存在挤出效应，其余两项系数为正说明对生存型（摩托车）、发展型（电脑）耐用品消费有促进作用；"新农保"与大众信任交叉项的系数为正值，表明它们对农民各层次耐用品消费具有的正向作用，且对发展型（电脑）耐用品的促进作用较显著。在中部地区（见表3-5），"新农保"与大众信任、陌生人信任的交互项回归系数皆为正值，说明在参加"新农保"的情况下，农民具有超前消费倾向愈大，对耐用品消费越多；即期消费观念越强，对耐用品的消费越大。在西部地区(见表 3 - 6),"新农保"与社会信任所有交叉项的系数为正值,说明"新农保"通过社会信任的作用正向影响农民各层次的耐用品消费,且分别在 10%、1% 的显著性水平下对农民发展型、生存型耐用品消费有较显著的促进作用;综合来看,"新农保"与社会信任的交互作用对农民生存型、发展型耐用品消费的促进作用较大。

(4)从家庭年收入、家庭规模、经济状况等代表家庭特征的控制变量来看,在全国(见表 3 - 3)的回归结果中,家庭年收入较显著正向影响农民享受型(汽车)耐用品消费;显著正向影响发展型(电脑)耐用品消费;家庭规模正向影响发展型(电脑)耐用品消费;经济状况较显著正向影响农民发展型的耐用品消费;显著正向影响农民生存型耐用品消费。就东部地区(见表 3 - 4)而言,家庭年收入较显著正向影响农民生存型、享受型耐用品消费;家庭规模正向影响农民生存型、发展型、享受型耐用品消费;而经济状况控制变量只显著正向促进了农民生存型、发展型耐用品的消费。就中部地区(见表 3 - 5)而言,控制变量家庭年收入较显著正向影响农民享受型、生存型的耐用品消费,且显著正向影响农民电脑(发展型)耐用品消费;家庭规模对农民生存型、发展型、享受型耐用品消费都存在挤出效应;而经济状况仅显著正向促进了农民生存型耐用品的消费。就西部地区(见表 3 - 6)而言,家庭年收入较显著正向影响农民摩托车(生存型)、电脑(发展型)等耐用品消费。家庭规模对农民生存型、发展型、享受型耐用品消费皆存在挤出效应;控制变量家庭经济状况显著正向影响农民摩托车(生存型)的耐用品消费,较显著正向影响农民电脑(发展型)耐用品消费。总之，家庭年收入越高、家庭规模越小、经济状况越好的农民越愿意进行较高层次的耐用品消费。

（5）从受教育年限、健康程度、性别、年龄、赡养老人情况等个人特征控制变量来看，在全国（见表3-3）的回归结果中，控制变量受教育年限的系数都是高度显著的正值，说明受教育年限显著促进农民生存型、发展型、享受型耐用品消费；同时健康程度较正向（有2项负值）促进农民各层次耐用品消费；赡养老人的农民对各个层次耐用品消费比未赡养老人的多、身为男性的农民对各个层次耐用品消费比女性多，但是影响效果不够显著。对东部地区（见表3-4）而言，受教育年限正向促进农民生存型、发展型、享受型耐用品消费，但影响效果不显著。健康程度控制变量对农民汽车（享受型）、电脑（发展型）耐用品消费存在挤出效应，对摩托车（生存型）耐用品消费影响效果不显著。男性农民对发展型耐用品消费显著大于女性。赡养老人的农民对各个层次耐用品消费比未赡养老人少。在中部地区（见表3-5）回归结果中，受教育年限显著正向影响农民电脑（发展型）的耐用品消费；较显著影响农民摩托车（生存型）、汽车（享受型）耐用品消费。男性农民对生存型耐用品消费显著小于女性。健康程度、年龄、赡养老人情况对农民耐用品消费影响不显著。对西部地区（见表3-6）而言，受教育年限显著正向影响农民发展型耐用品消费，身为男性的农民对各个层次耐用品消费比女性多。健康程度正向影响农民各层次耐用品消费，但不显著。年龄、赡养老人情况对农民各层次耐用品消费影响不显著。

3.4 本章小结与启示

本章利用中国综合社会调查数据，在首批试点地区检验"新农保"对农民摩托车（生存型）、电脑（发展型）、汽车（享受型）耐用品消费的影响，同时把社会信任作为中间变量，研究其对农民耐用品消费的传导作用，然后比较全国与东、中、西部地区"新农保"对农民各层次耐用品消费的影响。研究发现：（1）"新农保"能够有效促进农民耐用品消费，且根据地区分布不同，消费层次促进效应明显不同，即"新农保"对农民生存型、发展型耐用品消费影响显著，对享受型耐用品消费影响不显著。按地区来看，"新农保"在中、西部地区对农民耐用品消费影响较一致，在东部地区的影响与全国情况比较差异较大。（2）大众信任、陌生人信任对农民各层次耐用品消费的影响作用不尽相同，相对于社会信任的大众信任而言，陌生人信任对于农民耐用品消费的促进作用较大。（3）"新农保"不仅直接影响农民耐用品消费，而且通过社会信任的传导作用影响农民各层次的耐用品消费。

根据研究结论有如下政策启示：第一，加大农村市场以摩托车为代表的生存型耐用品、以电脑为代表的发展型耐用品的宣传和促销力度，扩大中、西部地区"新农保"制度范围，提高参保率，从而刺激中、西部地区农民的生存型、发展型耐用品消费，扩大农民的耐用品消费能力。第二，积极发挥社会信任对农民耐用品消费的作用，多方位引导农民加强社会网络建设，提高农民对社会的认识和信任意识，发挥社会制度信任及陌生人信任的示范效应作用，带动更多农民进行各层次的耐用品消费。第三，积极探索实行城乡统一的社会养老保险制度，缩小二元体制下的养老保险制度差距，使更多农民感受社会公平，增强社会信任营造良好的社会消费环境，不断完善城乡统一的社会养老保险制度，从而通过社会养老保险制度、社会信任的传导作用积极促进农民对耐用品的消费，为扩大内需贡献农民消费的力量。第四，在完善"新农保"制度提高农民消费的同时，应千方百计地增加农民财产性收入，加快土地、宅基地、林地、山地的租赁、承包甚至上市的流转速度，不断扩大社会资本等无形财产性收入比重，从而使农民有实力进行较高层次的耐用品消费，不断提升农民消费结构。

第 4 章

"新农合"首批试点农民耐用品 消费层次与区域差异比较

新型农村合作医疗是指由政府组织、引导、支持，农民自愿参加，个人、集体和政府多方筹资，以大病统筹为主的农民医疗互助共济制度。参加"新农合"的对象是：县辖区内农村户籍人口以户为单位参合；未参加城镇医疗保险和未以农民家庭为单位参加"新农合"的乡镇企业职工；外出打工、经商、上学的农村居民，因小城镇建设占用土地的农转非人员。要求农民整户参合是由"新农合"性质决定的，"新农合"是农民医疗互助共济制度，是政府帮群众，健康人帮助病人。它和商业保险的区别在于不管年龄大小、身体好坏都可以参加。以乡镇为单位，必须达到一定的比例才能保证有足够的健康人群来帮助病人。

"新农合"源于中国 20 世纪 50~70 年代发展起来的"合作医疗"制度。"合作医疗"制度在将近 50 年的发展历程中，先后经历了 20 世纪 40 年代的萌芽阶段、50 年代的初创阶段、60~70 年代的发展与鼎盛阶段、80 年代的解体阶段和 90 年代以来的恢复和发展阶段。1997 年，中央再次肯定合作医疗的作用。2002 年 10 月，《中共中央、国务院关于进一步加强农村卫生工作的决定》明确指出：将建立"新型农村合作医疗"制度作为解决农民"看病贵、看病难"问题的重要措施，列入全面建设小康社会和建设社会主义新农村的重要内容之一。"新农合"自 2003 年 7 月实施以来，试点区县范围不断扩大，参保率不断攀升，政府补助资金逐年增加，全国各地县域财政统筹不断完善。中央、地方政府对参加"新农合"人员的补助资金从 2003 年的每人 20 元增长到 2015 年的人均 380 元，12 年期间政府补助资金增长了 18 倍，年均增长率150%。2016 年 1 月，国务院关于《整合城乡居民基本医疗保险制度的意见》正式实施，意味着"新农合"成为城乡居民医疗保险的一部分，按照六个"统一"的制度政策要求发挥医疗保障作用。"新农合"作为一种农村的医疗保险制度安排，经过 10 多年的发展对农民的医疗风险预期、消费观念产生了诸多影响，在一定程度上减轻了农民医疗开支负担，使得社会财富向边际消费倾向高的低收入群体转移，以此期望达到增加社会总体消费的效果（方匡南、章紫艺，2013）。那么在现实当中"新农合"促进农民耐用品消费了吗？如果有，"新农合"对耐用品消费层次和区域（东部、中部、西部）的促进作用是否存在差异？基于此，本章利用 2010 年中国综合社会调查的农民微观数据，在考虑非制度因素消费观念和农民家庭、个人特征等因素的条件下，从实证角度回答以上问题。

4.1 文献综述与理论基础

4.1.1 文献综述

社会保障与居民消费关系一直是国内外学者研究的热点。国外早期的弗里德曼（1957）、莫迪利安尼（1975）等权威专家从不同的角度研究得到社会保障对居民消费有正向的带动作用。而国内学者对于"新农合"影响农民消费的研究成果颇多。白重恩等（2012）、陈池波和张攀峰（2012）利用面板数据、截面数据分析，得出"新农合"使非医疗支出类的家庭消费增加了 5.6 个百分点，他们均发现"新农合"对农民消费的正向影响作用，且"新农合"对消费的正向影响在收入较低或健康状况较差的家庭中更强。而马双等（2010）、王艳玲（2014）利用中国营养与健康调查数据和全国 31 个省区市 2001～2012 年的面板数据进一步得出，"新农合"显著增加居民热量、碳水化合物、蛋白质的营养物质的摄入量，显著提升了农民群众的食物支出水平。但是也有学者持谨慎态度，认为社会保障制度并不一定能够扩大消费。著名哈佛大学教授马丁·费尔德斯坦（Martin Feldstein，1974）首次提出社会保障的"资产替代效应"和"引致退休效应"，其中，前者是一种"挤出储蓄、增加消费"的力量，但是后者则会迫使个体为退休时期的延长而增加储蓄，最终二者的净效应决定着社会保障对于居民储蓄和消费的影响。

　　耐用品消费具有经济增长指示剂的作用，国外对耐用品消费的研究多集中在 (S, s) 模型的实证检验和参数估计上。由于耐用品消费的非线性特点，多数学者采用非线性参数估计方法来研究美国、意大利汽车消费的影响因素（Attanasio，2000；Bertola，2005）。莫雷诺（2014）认为在模糊状态下，（房屋、汽车）耐用品购买者保留价格的决定变化遵循一个参数化的模型，（房屋、汽车）隐含期权的价值在模糊感知水平中不断减少。威廉和约翰（2013）指出耐用品消费对利率下降的敏感性减弱，影响到美联储货币政策的效率，也是目前经济复苏缓慢的重要原因之一。关于耐用品消费的国内研究，蔡伟贤和朱峰（2015）利用中国营养健康调查数据得出"新农合"能有效提高农村家庭耐用品消费水平，且农村家庭上一期的参保行为对耐用品消费的刺激作用更加显著，但他们并没有对"新农合"影响农民耐用品消费层次和地区差异做深入探讨。张兵兵、徐康宁（2013）从美国家庭汽车消费市场分析入手，认为二手汽车交易需求是影响新车消费需求最为重要的因素，其影响要超过个人收入支出的影响。丁继红等（2013）和周亚军（2015）认为，农村居民耐用品消费受医疗保障水平、收入水平、消费环境、消费观念与消费心理以及家电企业的营销行为等因素的影响；完善农村医疗保障制度能够增强农民消费信心，扩大耐用品消费，从而达到扩大内需的目的。

　　纵观现有的研究不难发现：一是学者们把农村居民作为整体研究对象的较多，而单独研究"新农合"对不同区域农民消费影响的较少；二是现有研究采用宏观数据研究的较多，而从微观层面研究的少；三是从医疗、健康、收入类型等因素影响耐用品消费研究的较多，而从"新农合"、消费观念角度研究的很少，几乎没有学者利用全国性的权威数据实证检验"新农合"制度对于农民耐用品消费层次和区域差异的影响。有鉴于此，本章以 2010 年中国综合社会调查的 4561 个农户微观数据为研究样本，检验"新农合"对农民生存型、发展型、享受型耐用品消费的影响。同时考虑消费观念的中介作用，并对比东、中、西部地区"新农合"对农民各层次耐用品消费的差异，以便解释"新农合"对农民耐用品消费的影响机理，为政策启示提供理论依据。

4.1.2 理论基础

居民消费理论经历了绝对收入和相对收入假说的确定条件下的消费理论、持久收入和生命周期假说的不确定条件下的消费理论和基于心理特征的行为消费理论三个阶段。前两个阶段的消费理论为主流消费理论，有两个假设条件：第一，消费者完全理性，并能够根据掌握的信息和对未来的预测做出理性决策。第二，贴现率为常数，它代表消费者对当前消费的贴现与下一期消费的贴现相同，不会因跨期消费而产生差异。事实上，由于消费者的非完全理性和控制力不足，他们即使知道一生效用最大化的各期正确消费决策，执行是很困难的。由此导致了现实居民消费与主流消费理论产生重大偏离，甚至背离（李树良，2016）。

基于以上考虑，消费理论研究者开始关注个人心理及个人社会特征对消费的影响，由此产生了行为消费理论。行为消费理论更多关注了消费者的个人心理和社会特征，同时对完全理性的决策能力、时间等前提假设条件予以放松，明确提出了消费者是非完全理性的，而且消费者对时间的偏好也不具有一致性（方福前、俞剑，2014）。理论上，影响农民耐用品消费的因素有很多，除了家庭收入、经济状况以外，社会因素、个人因素、环境因素同样对农民耐用品消费有着重要影响。由于耐用品使用周期较长，农民对其购买表现为非连续性和一定的随机性，即农民购买耐用品不一定是理性行为，同时受社会制度、从众的观念、攀比的心理等因素影响。"新农合"的实施必然会对农民的预期收入、预防性储蓄以及对未来风险预期产生诸多的影响，使农民对未来预期更加乐观，在一定程度上代替个人实现了跨期消费规划所要进行的储蓄，这就会使农民倾向于减少预防性储蓄而增加消费（姜百臣等，2010）。本研究对农民的基本假设是非完全理性的，且农民消费观念在超前消费、即期消费上对时间的偏好表现不一致，符合行为消费理论及其前提假设条件。

4.2 数据来源及描述性分析

4.2.1 数据来源

2010 年中国综合社会调查采取的是多层次分层抽样的方法，对12000 户家庭进行了调查，包含中国农户家庭的基本信息、参与"新农合"、消费观念以及耐用品消费等与本研究密切相关的信息，其调查对象涵盖了中国大多数省份的 100 多个县（市、区）。根据问卷剔除城镇和耐用品消费的缺失值后，最终筛选出 4561 份考察样本，其中参加新型农村合作医疗保险/公费医疗的农户有 4154 个，没参加的农户有 407 个，参合率 91.08%，未参合率 8.92%，其中东部地区农户参合率 90.93%，未参合率 9.07%；中部地区农户参合率 91.73%，未参合率 8.27%；西部地区农户参合率 90.3%，未参合率 9.7%。考察样本涵盖了全国 26 个省、自治区、直辖市，84 个县（市、区）。其中东部地区涵盖 8 个省、自治区、直辖市（除北京、上海、广东）共 915 个样本，中部地区涵盖 8 个省、自治区、直辖市共 2068 个样本，西部地区涵盖 10 个省、自治区、直辖市（除西藏、新疆）共 1578 个样本。

4.2.2　指标说明与定义

自变量"新农合"根据问卷的"A61 您目前是否参加了以下社会保障项目"的回答予以设定：参加了 =1，没有参加/不适用 =0。消费观念的测量分超前消费、即期消费两个维度，根据问卷"D1 首先，我们想了解一下您关于生活和消费的一些看法"1 个回答项测超前消费观念，另 1 个回答项测即期消费观念。选定经济状况、健康、家庭年收入、非农工作经历、年龄、性别、教育、婚姻、赡养老人情况作为家庭和个人特征控制变量。因变量"农民是否消费耐用品"通过问题项"C9"农民对家用小汽车、电脑、摩托车的购买情况设定二元变量予以测量（购买赋值为 1，没有购买/不适用赋值为 0；家用小汽车代表享受型消费、电脑代表发展型消费、摩托车代表生存型消费，它们分别代表了农民耐用品消费从高到低的三个层次），并通过对购买时间的回答测定其是否在"新农合"制度出台前购买，制度出台前购买赋值为0，制度出台后购买赋值为1。各项指标的选取及说明见表4-1。

表4-1 各项指标的描述和定义

名称	符号	描述	定义
耐用品消费	DGC	以下大件商品，您家是否购买? 何时购买	购买 =1，没有/不适用 =0
"新农合"	MSS	您目前是否参加了以下社会保障项目	参加了 =1，没有参加/不适用 =0
超前消费	DS	"花明天的钱，圆今天的梦"，透支消费很正常	具体数字
即期消费	IS	有了多余的钱我首先考虑的是存起来	具体数字（两问题回答反向赋值相加）
经济状况	EC	您家的家庭经济状况在当地属于哪一档	远低于平均水平 =1，低于平均水平 =2……远高于平均水平 =5
健康程度	HC	您觉得您目前的身体健康状况是	很不健康 =1，比较不健康 =2……很健康 =5
家庭年收入	HI	您家2009年全年家庭总收入是多少	具体数字（万元）
非农工作经历	NFW	您的工作经历及状况是	有非农工作经历 =1，无 =0
年龄	AGE	您的出生年份	2010 - 出生年份
性别	SEX	性别	男 =1，女 =0

名称	符号	描述	定义
教育	*EDU*	您目前的受教育年限是（包括目前在读的）	没有 = 0，小学 = 6……研究生及以上 = 19
婚姻状态	*MON*	您目前的婚姻状况是	丧偶、离婚、已婚 = 1，未婚 = 0
赡养老人情况	*P*	您目前是否赡养老人	是 = 1，否 = 0

4.2.3　描述性分析

由 2010 年中国综合社会调查问卷项"您目前是否参加了以下社会保障项目"直接统计样本的"新农合"的参加情况。在所选样本中，全国农户的参合率为 91.08%，其中东部地区农户参合率90.93%，中部地区农户参合率 91.73%，西部地区农户参合率90.3%。"新农合"的描述性统计详见表 4 - 2。

表 4 - 2　　　　　　　　"新农合"的描述性统计

项目指标	全国		东部地区		中部地区		西部地区	
	参加	未参加	参加	未参加	参加	未参加	参加	未参加
"新农合"（户）	4154	407	832	83	1897	171	1425	153
参合率（%）	91.08		90.93		91.73		90.30	
未参合率（%）		8.92		9.07		8.27		9.70

注：以上结果是基于 2010 年中国综合社会调查数据的统计分析所得；全国共计 4561 个样本，其中东部地区 915 个样本、中部地区 2068 个样本、西部地区 1578 个样本。

　　根据农民所属东、中、西部区域对农民进行分类，然后按是否参加 "新农合" 直观比较两类农民的耐用品消费情况。由表4－3可知，首先，从全国范围来看，参加 "新农合" 农民的耐用品消费数量高于没有参加 "新农合" 的农民耐用品消费。参加 "新农合" 农民的汽车（享受型消费）拥有量为每万人491辆，是没有参加 "新农合" 的农民汽车拥有量的近2倍；参加 "新农合" 农民的电脑（发展型消费）拥有量为每万人1319台，是没有参加 "新农合" 的2倍多；参加 "新农合" 农民的摩托（生存型消费）拥有量（每万人4945辆）远高于没有参加 "新农合" 农民的摩托车拥有量（每万人3784辆）。其次，从区域范围来看，所有地区参加 "新农合" 农民的耐用品消费数量皆高于没有参加 "新农合" 的农民耐用品消费数量。东部地区的差异最小，参加 "新农合" 农民的汽车（享受型消费）、电脑（发展型消费）和摩托车（生存型消费）拥有量分别比没有参加 "新农合" 农民拥有量多107辆、262台、229辆；西部地区次之，参加 "新农合" 农民的汽车（享受型消费）、电脑（发展型消费）和摩托车（生存型消费）拥有量分别比没有参加 "新农合" 农民拥有量多111辆、626台、746辆；中部地区差距最大，参加 "新农合" 农民的汽车（享受型消费）、电脑（发展型消费）和摩托车（生存型消费）拥有量分别比没有参加 "新农合" 农民拥有量多193辆、944台、1672辆。

表4－3　　"新农合" 对全国及东、中、西部地区农民耐用品

消费影响的描述性统计（每万人）

类别	全国		东部地区		中部地区		西部地区	
	参加	未参加	参加	未参加	参加	未参加	参加	未参加
汽车消费量（辆）	0.0491	0.0270	0.0589	0.0482	0.0485	0.0292	0.0442	0.0131

类别	全国		东部地区		中部地区		西部地区	
	参加	未参加	参加	未参加	参加	未参加	参加	未参加
电脑消费量（台）	0.1319	0.0614	0.1226	0.0964	0.1587	0.0643	0.1018	0.0392
摩托车消费量（辆）	0.4945	0.3784	0.4928	0.4699	0.6584	0.4912	0.2772	0.2026

注：以上结果是基于 2010 年中国综合社会调查数据的统计分析所得；全国共计 4561 个样本，其中东部地区 915 个样本、中部地区 2068 个样本、西部地区 1578 个样本。

总之，按全国和东、中、西部地区划分，根据农民是否参保分成两类，其汽车（享受型消费）、电脑（发展型消费）、摩托车（生存型消费）等耐用品消费分布具有明显差异，参加"新农合"的农民耐用品消费高于没有参加"新农合"的农民耐用品消费；从区域差距看，东部地区差距最小，中部地区差距最大。

4.3 模型构建与实证结果分析

4.3.1 模型构建与修正

本章将农民购买汽车（享受型消费）、电脑（发展型消费）、摩托车（生存型消费）等耐用品消费决策理解成一个二向性（dichotomy）问题，即因变量为非此即彼的二元变量。故可将"农民耐用品消费"设置为虚拟变量，令购买了耐用品的样本取值为"1"，没有购买耐用品的样本取值为 "0"。Logit 模型是分析二向性选择问题的常用工具,其理论基础为二元选择理论。模型函数为概率分布函数,具体表述如下:

$$p_i = F(C_i) = F(\alpha + \beta D_i + \mu) = \frac{1}{1 + e^{-C_i}} = \frac{1}{1 + e^{-(\alpha + \beta D_i)}}. \qquad (4-1)$$

式 (4-1) 中,$C_i = \alpha + \beta D_i + \mu$,$e$ 表示自然对数的底。估计式为:

$$\ln \frac{p_i}{1 - p_i} = C_i = \alpha + \beta D_i + \mu. \qquad (4-2)$$

式 (4-1)、式 (4-2) 中,p_i 为农民购买耐用品的概率,β 为待估计参数,D_i 为解释变量向量,μ 为误差项。

本章中农户对 "新农合" 的参加与否,不可能以完全随机的方式来决定。每一个农户都会综合考虑自身的情况、政策导向、"新农合" 保障水平等因素来决定是否参加 "新农合"。此时,无论抽样过程是如何客观随机,都会因为样本的自选择行为产生选择性样本问题,若不修正,就会导致样本选择偏差。本章使用赫克曼修正法分三步修正样本选择性偏差。

第一步,建立 "新农合" 选择模型并进行 Probit 回归。对农户参加 "新农合" 与否的概率进行估计,其原理是效用最大化原则。建立的 "新农合" 选择模型如下:

$$MSS_i^* = \alpha' Z_i + u_i (MSS_i^* > 0, \ MSS_i = 1; \ MSS_i^* \leq 0, \ MSS_i = 0).$$

$$(4-3)$$

式 (4-3) 中,Z_i 是影响农民是否选择参加 "新农合" 的各种因素,α' 是各种影响因素的相关系数。MSS_i^* 是农民参加 "新农合" 与不参加 "新农合" 的效用差,u_i 是误差项。因此,当 $MSS_i^* > 0$ 时,农户会选择参加 "新农合" 的概率为 $P(MSS_i = 1) = 1 - \Phi(-\alpha' Z_i)$;当 $MSS_i^* \leq 0$

时,农户会选择不参加"新农合"的概率为 $P(MSS_i = 0) = \Phi(-\alpha'Z_i)$。

第二步,计算逆米尔斯比(Inverse Mills Ratio, IMR),首先构建农民没有参加"新农合"与参加"新农合"两种情况下的耐用品消费模型:

$$\sum_{i=1}^{3} DGC_{0i} = \beta'_0 X_i + \varepsilon_{0i} \ (MSS_i = 0), \qquad (4-4)$$

$$\sum_{i=1}^{3} DGC_{1i} = \beta'_1 X_i + \varepsilon_{1i} \ (MSS_i = 1). \qquad (4-5)$$

模型(4-4)和模型(4-5)中,DGC_{0i}、DGC_{1i}分别为没有参加"新农合"与参加"新农合"的农民耐用品消费情况(购买为1,没有购买为0),本章以汽车、电脑和摩托车三种耐用品消费为例。X_i 是影响农民耐用品消费的各种因素,β' 为其系数;ε_{0i}、ε_{1i} 分别是它们的随机干扰项。通过计算 ε_{0i}、ε_{1i} 的条件期望值确认模型(4-4)、模型(4-5)的回归方程是否满足随机干扰项均值为零的传统回归假设。计算方法如下:

$$E(\varepsilon_{0i}/MSS = 0) = E(\varepsilon_{0i}/u \leq -\alpha'Z_i) = -\sigma_{0u}[\varphi(-\alpha'Z_i)$$
$$/\Phi(-\alpha'Z_i)] = \sigma_{0u}\lambda_{0i}, \qquad (4-6)$$

$$E(\varepsilon_{1i}/MSS = 1) = E(\varepsilon_{1i}/u > -\alpha'Z_i) = \sigma_{1u}\{\varphi(-\alpha'Z_i)$$
$$/[1 - \Phi(-\alpha'Z_i)]\} = \sigma_{1u}\lambda_{1i}. \qquad (4-7)$$

式(4-6)和式(4-7)中,φ 是标准正态密度函数,Φ 是标准正态分布函数,σ_{0u}、σ_{1u} 是 ε_{0i}、ε_{1i} 分别与 u_i 的协方差;λ_{0i}、λ_{1i} 均是逆米尔斯比率(IMR)。由上面计算公式显然可得:

$$\lambda_{0i} = -[\varphi(-\alpha'Z_i)/\Phi(-\alpha'Z_i)],$$
$$\lambda_{1i} = \varphi(-\alpha'Z_i)/[1 - \Phi(-\alpha'Z_i)].$$

λ_{0i}、λ_{1i} 可以通过第一步中估计值代入样本数据计算得到。σ_{0u}、σ_{1u} 不为零,则模型(4-4)、模型(4-5)不满足传统回归假设,因此必须对模型（4-4）、模型（4-5）进行修正。

第三步，建立农民耐用品消费模型，并将 IMR 作为其中的一个解释变量。由于对已经建立的模型（4-4）、模型（4-5）的随机干扰项是否满足传统回归假设存在不确定性，可以借助式（4-6）、式（4-7）对耐用品消费模型（4-4）、模型（4-5）的随机干扰项进行计算结果得到：

$$\varepsilon_{0i} = \beta_{\lambda 0}\lambda_{0i} + w_{0i}, \quad \varepsilon_{1i} = \beta_{\lambda 1}\lambda_{1i} + w_{1i}.$$

其中，$\beta_{\lambda 0}$ 是 σ_{0u} 的估计值，$\beta_{\lambda 1}$ 是 σ_{1u} 的估计值；w_{0i}、w_{1i} 是均值为零的随机干扰项。因此将上述 ε_{0i}、ε_{1i} 等式代入模型（4-4）、模型（4-5）得到修正的耐用品消费模型为：

$$\sum_{i=1}^{3} DGC_{0i} = \beta'_0 X_i + \beta_{\lambda 0}\lambda_{0i} + w_{0i} \ (MSS_i = 0), \quad (4-8)$$

$$\sum_{i=1}^{3} DGC_{1i} = \beta'_1 X_i + \beta_{\lambda 1}\lambda_{1i} + w_{1i} \ (MSS_i = 1). \quad (4-9)$$

4.3.2 实证结果分析

模型的回归结果如表4-4~表4-7所示，模型整体在1%的显著性水平下通过了 F 检验，据此可得到如下结论。

表4-4　　　全国"新农合"对农民享受型、发展型、
生存型耐用品消费的回归结果

解释变量	汽车（享受型）		电脑（发展型）		摩托车（生存型）	
	（1）	（2）	（3）	（4）	（5）	（6）
MSS	0.5175 (1.56)		0.7368 *** (3.21)		0.4368 *** (3.73)	

解释变量	汽车（享受型）		电脑（发展型）		摩托车（生存型）	
	（1）	（2）	（3）	（4）	（5）	（6）
DS	0.0030	−0.3388	−0.0022	−0.1121	0.0079	−0.1345 **
	(0.06)	(−1.63)	(−0.07)	(−0.98)	(0.37)	(−2.30)
IS	0.0213	0.1560	0.0415	0.0273	0.0088	0.0411
	(0.48)	(1.03)	(1.41)	(0.27)	(0.44)	(0.76)
EC	0.3476 ***	0.3436 ***	0.5405 ***	0.5402 ***	0.4093 ***	0.4069 ***
	(3.07)	(3.02)	(7.08)	(7.08)	(8.68)	(8.63)
HC	0.1076	0.1065	0.1225 **	0.1235 **	0.0948 ***	0.0954 ***
	(1.39)	(1.37)	(2.46)	(2.48)	(3.08)	(3.10)
HI	0.1840 ***	0.1828 ***	0.1792 ***	0.1791 ***	0.1349 ***	0.1344 ***
	(9.13)	(9.05)	(9.73)	(9.71)	(7.56)	(7.53)
NFW	0.3264 *	0.3242 **	0.4214 ***	0.4211 ***	0.4120 ***	0.4108 ***
	(2.21)	(2.11)	(4.21)	(4.20)	(6.27)	(6.25)
AGE	−0.0007	−0.0024	0.0449 **	0.0450 **	−0.0053	−0.0061
	(−0.02)	(−0.07)	(2.04)	(2.04)	(−0.38)	(−0.43)
AGE^2	−0.0002	−0.0001	−0.0004 **	−0.0004 **	−0.0001 **	−0.0001 **
	(−0.42)	(−0.38)	(−1.99)	(−1.98)	(−0.99)	(−0.95)
SEX	0.1557	0.1574	0.0460	0.0450	0.0938	0.0968
	(1.02)	(1.03)	(0.46)	(0.45)	(1.43)	(1.48)
EDU	0.2213 ***	0.1140 ***	0.2072 ***	0.2078 ***	0.0837 ***	0.0842 ***
	(5.05)	(5.27)	(12.86)	(12.88)	(9.59)	(9.64)
MON	0.2213	0.2109	−0.2185	−0.2190	0.1234	0.1208 **
	(0.82)	(0.78)	(−1.33)	(−1.34)	(1.23)	(1.21)
P	0.2211	0.2265	0.0718	0.0735	0.1392	0.1407
	(0.84)	(0.86)	(0.37)	(0.38)	(0.98)	(0.99)

续表

解释变量	汽车（享受型）		电脑（发展型）		摩托车（生存型）	
	（1）	（2）	（3）	（4）	（5）	（6）
$MSS \times DS$		0.3549 (1.61)		0.1151 (1.00)		0.1544 *** (2.63)
$MSS \times IS$		-0.1405 (-0.92)		0.0720 (0.71)		0.0348 (0.64)
λ_i	0.3335 (1.85)	0.3298 (1.83)	0.1830 (1.50)	0.1807 (1.48)	0.4553 *** (5.47)	0.4520 *** (5.43)
$cons$	-6.3899 *** (-7.01)	-5.8231 *** (-6.63)	-7.8105 *** (-12.32)	-7.1154 *** (-11.65)	-2.4044 *** (-6.11)	-1.9780 *** (-5.06)
F 值	268.63 ***	272.18 ***	649.49 ***	650.16 ***	738.24 ***	742.53 ***

注：***、**、*分别表示变量系数通过了1%、5%、10%的显著性检验，以上是基于2010年中国综合社会调查数据的分析。

表 4 - 5　　　东部地区"新农合"对农民享受型、发展型、

生存型耐用品消费的回归结果

解释变量	汽车（享受型）		电脑（发展型）		摩托车（生存型）	
	（1）	（2）	（3）	（4）	（5）	（6）
MSS	0.4304 (0.76)		0.5116 (1.13)		0.3355 (1.25)	
DS	-0.0593 (-0.61)	-0.2345 (-0.72)	0.0260 (0.34)	-0.2334 (-0.98)	0.0236 (0.49)	-0.1162 (-0.94)
IS	-0.0158 (-0.16)	-0.0113 (-0.04)	-0.0378 (-0.51)	0.0603 (0.34)	-0.0162 (-0.35)	0.0284 (0.25)

续表

解释变量	汽车（享受型）		电脑（发展型）		摩托车（生存型）	
	(1)	(2)	(3)	(4)	(5)	(6)
EC	0.1409	0.1343	0.3039	0.3017	0.4575 ***	0.4503 ***
	(0.58)	(0.55)	(1.58)	(1.57)	(4.09)	(4.02)
HC	0.1955	0.1968	0.2435 *	0.2391 *	0.2085 ***	0.2095 ***
	(1.12)	(1.13)	(1.87)	(1.83)	(2.84)	(2.85)
HI	0.1474 ***	0.1473 ***	0.2583 ***	0.2552 ***	0.1176 ***	0.1174 ***
	(3.71)	(3.69)	(6.23)	(6.15)	(3.24)	(3.22)
NFW	0.6184 *	0.6174 *	0.2759	0.2660	0.4812 ***	0.4765 ***
	(1.81)	(1.80)	(1.12)	(1.07)	(3.14)	(3.11)
AGE	0.1722 *	0.1674 *	0.0784	0.0748	0.0244	0.0217
	(1.78)	(1.74)	(1.35)	(1.29)	(0.77)	(0.68)
AGE^2	−0.0023 **	−0.0022 **	−0.0008	−0.0008	−0.0004	−0.0004
	(−2.08)	(−2.04)	(−1.34)	(−1.29)	(−1.34)	(−1.27)
SEX	0.2793	0.2724	0.2124	0.2168	0.0773	0.0854
	(0.89)	(0.86)	(0.87)	(0.89)	(0.51)	(0.56)
EDU	0.0928 **	0.0928 **	0.2292 ***	0.2317 ***	0.1244 ***	0.1251 ***
	(1.98)	(1.97)	(5.72)	(5.74)	(6.01)	(6.04)
MON	−0.3800	−0.3737	0.0397	0.0299	−0.0286 **	−0.0388 **
	(−0.70)	(−0.69)	(0.09)	(0.07)	(−0.13)	(−0.18)
P	0.6602	0.6549	−0.1897	−0.1792	0.1537	0.1566
	(1.40)	(1.38)	(−0.40)	(−0.38)	(0.47)	(0.48)
MSS × DS		0.1868		0.2810		0.1550
		(0.57)		(1.18)		(1.25)
MSS × IS		−0.0030		−0.1086		−0.0474
		(−0.01)		(−0.60)		(−0.41)

续表

解释变量	汽车（享受型）		电脑（发展型）		摩托车（生存型）	
	（1）	（2）	（3）	（4）	（5）	（6）
λ_i	0.7285 (2.19)	0.7306 (2.19)	0.5538 (2.07)	0.5505 (2.06)	1.1395 *** (6.26)	1.1362 *** (6.24)
cons	−8.2452 *** (−3.55)	−7.7157 *** (−3.34)	−8.7654 *** (−5.51)	−8.1782 *** (−5.22)	−3.6661 *** (−3.99)	−3.2800 *** (−3.56)
F 值	81.31 ***	82.17 ***	183.86 ***	184.98 ***	213.10 ***	214.74 ***

注：*** 、 ** 、 * 分别表示变量系数通过了1%、5%、10%的显著性检验，以上是基于2010年中国综合社会调查数据的分析。

表 4 – 6　　　　中部地区"新农合"对农民享受型、发展型、

生存型耐用品消费的回归结果

解释变量	汽车（享受型）		电脑（发展型）		摩托车（生存型）	
	（1）	（2）	（3）	（4）	（5）	（6）
MSS	0.1719 (0.36)		0.7188 ** (2.12)		0.6044 *** (3.52)	
DS	0.0828 (1.20)	0.0270 (0.10)	0.0154 (0.34)	0.1250 (0.77)	−0.0161 (−0.50)	−0.1329 (−1.51)
IS	0.0505 (0.78)	0.0138 (0.06)	0.0675 * (1.64)	0.2057 (1.17)	0.0139 (0.47)	0.0008 (0.01)
EC	0.2251 (1.26)	0.2193 (1.23)	0.5156 *** (4.57)	0.5148 *** (4.57)	0.2632 *** (3.66)	0.2645 *** (3.68)
HC	0.1239 (1.05)	0.1263 (1.07)	0.0488 (0.69)	0.0504 (0.72)	0.0557 (1.20)	0.0559 (1.21)
HI	0.2439 *** (8.68)	0.2428 *** (6.60)	0.3089 *** (8.93)	0.3099 *** (8.198)	0.1661 *** (4.98)	0.1648 *** (4.94)

续表

解释变量	汽车（享受型）		电脑（发展型）		摩托车（生存型）	
	(1)	(2)	(3)	(4)	(5)	(6)
NFW	0.2645 (6.63)	0.0978 (0.44)	0.3317 ** (2.38)	0.3287 ** (2.36)	0.1943 ** (1.95)	0.1969 ** (1.98)
AGE	−0.0035 (−0.07)	−0.0046 (−0.09)	0.0782 ** (2.41)	0.0797 ** (2.46)	−0.0017 (−0.08)	−0.0010 (−0.05)
AGE^2	0.0003 (0.05)	0.0004 (0.07)	−0.0008 ** (−2.42)	−0.0008 ** (−2.46)	−0.0002 ** (−0.82)	−0.0002 (−0.85)
SEX	−0.0850 (−0.37)	−0.0901 (−0.40)	0.0487 (0.35)	0.0486 (0.35)	0.0358 (0.36)	0.0366 (0.37)
EDU	0.1726 *** (4.71)	0.1728 *** (4.72)	0.1902 *** (8.14)	0.1898 *** (8.14)	0.0623 *** (4.70)	0.0631 *** (4.76)
MON	0.5803 (1.29)	0.5719 (1.27)	−0.3903 * (−1.66)	−0.3869 * (−1.65)	0.2038 * (1.65)	0.2051 * (1.66)
P	−0.2467 (−0.54)	−0.2495 (−0.55)	0.0570 (0.22)	0.0623 (0.24)	0.0410 (0.20)	0.0358 (0.17)
MSS×DS		0.0580 (0.22)		0.1133 (0.69)		0.1270 (1.43)
MSS×IS		0.0385 (0.15)		0.2831 (1.62)		0.0147 (0.18)
λ_i	0.2622 (0.91)	0.2600 (0.91)	0.1650 (0.90)	0.1603 (0.88)	−0.8698 *** (−6.92)	−0.8735 *** (−6.95)
cons	−7.2278 *** (−5.14)	−7.0135 *** (−5.12)	−8.1386 *** (−8.70)	−7.4939 *** (−8.31)	−1.2558 ** (−2.07)	−0.7290 (−1.21)
F 值	118.63 ***	119.14 ***	349.08 ***	350.27 ***	218.76 ***	217.42 ***

注：*** 、 ** 、 * 分别表示变量系数通过了 1%、5%、10% 的显著性检验，以上是基于 2010 年中国综合社会调查数据的分析。

表 4 – 7　　　西部地区"新农合"对农民享受型、发展型、
生存型耐用品消费的回归结果

解释变量	汽车（享受型）		电脑（发展型）		摩托车（生存型）	
	（1）	（2）	（3）	（4）	（5）	（6）
MSS	1.1911 （1.52）		0.9706 ** （2.16）		0.2894 （1.25）	
DS	− 0.0776 （ − 0.83）	− 3.0580 ** （ − 2.46）	− 0.0735 （ − 1.18）	− 0.3454 （ − 1.26）	0.0183 （0.44）	− 0.1888 （ − 1.55）
IS	0.0042 （0.05）	1.2784 *** （2.81）	0.0187 （0.33）	0.0143 （0.07）	0.0056 （0.14）	0.1075 （1.01）
EC	0.6004 *** （3.12）	0.6107 *** （3.12）	0.5708 *** （4.40）	0.5677 *** （4.37）	0.4774 ** （5.37）	0.4720 *** （5.30）
HC	0.0357 （0.27）	0.0277 （0.21）	0.1105 （1.26）	0.1123 （1.28）	0.0345 （0.58）	0.0341 （0.57）
HI	0.1611 *** （5.10）	0.1654 *** （5.08）	0.0582 ** （2.27）	0.0581 ** （2.27）	0.1694 *** （5.78）	0.1705 *** （5.79）
NFW	0.5532 * （1.91）	0.5392 * （1.85）	0.6520 *** （3.43）	0.6525 ** （3.43）	0.7632 *** （6.00）	0.7585 *** （5.96）
AGE	− 0.0387 （ − 0.68）	− 0.0417 （ − 0.73）	− 0.0075 （ − 0.20）	− 0.0072 （ − 0.20）	− 0.0394 （ − 1.49）	− 0.0414 （ − 1.56）
AGE^2	0.0001 （0.24）	0.0002 （0.26）	0.0001 （0.36）	0.0001 （0.35）	0.0002 （0.66）	0.0002 ** （0.72）
SEX	0.3763 （1.34）	0.4006 （1.41）	− 0.1650 （ − 0.87）	− 0.1584 （ − 0.84）	0.1590 （1.23）	0.1714 （1.32）
EDU	0.0726 * （1.92）	0.0787 ** （2.07）	0.2283 *** （7.92）	0.2283 *** （7.92）	0.0844 *** （5.02）	0.0844 *** （5.02）
MON	0.1620 （0.34）	0.2267 （0.48）	− 0.2476 （ − 0.86）	− 0.2462 （ − 0.86）	− 0.0416 （ − 0.21）	− 0.0384 ** （ − 0.19）

续表

解释变量	汽车（享受型）		电脑（发展型）		摩托车（生存型）	
	(1)	(2)	(3)	(4)	(5)	(6)
P	0.5150 (1.08)	0.5721 (1.18)	0.1487 (0.38)	0.1620 (0.41)	0.0114 (0.04)	0.0476 (0.16)
$MSS \times DS$		3.0053 ** (2.43)		0.2813 (1.02)		0.2230 * (1.83)
$MSS \times IS$		−1.3187 *** (−2.87)		0.0043 (0.02)		−0.1112 (−1.03)
λ_i	−0.2291 (−0.61)	−0.2712 (−0.71)	0.0772 (0.34)	0.0700 (0.30)	2.0213 *** (12.38)	2.0207 *** (12.35)
cons	−5.8562 *** (−3.57)	−5.4598 *** (−6.00)	−6.6567 *** (−5.98)	−5.7287 *** (−5.46)	−2.4663 *** (−3.40)	−2.1324 *** (−2.99)
F 值	97.55 ***	108.15 ***	165.15 ***	166.06 ***	278.98 ***	282.49 ***

注：***、**、* 分别表示变量系数通过了 1%、5%、10% 的显著性检验，以上是基于 2010 年中国综合社会调查数据的分析。

第一，"新农合"能够有效促进农民耐用品消费，且具有明显的消费层次促进效应，即"新农合"对生存型、发展型耐用品消费影响显著；对享受型耐用品消费影响不显著。就全国（见表 4 - 4）和中部地区（见表 4 - 6）而言，"新农合"均在 1%、5% 的显著性水平下正向影响农民对摩托车和电脑等耐用品的消费；而对享受型耐用品汽车的消费有正向影响，但不显著。从东部（见表 4 - 5）、西部地区（见表 4 - 7）来看，"新农合"均正向影响农民对于汽车（享受型）、电脑（发展型）、摩托车（生存型）的购买，且在西部地区"新农合"在 5% 的显著性水平下影响农民对于电脑（发展型）的购买，具有较高的统计学显著性意义；从系数来看，"新农合"比较强烈地刺激了农民对电脑（发展型平均系数 0.7345）的购买，其次是汽车（享受型平均系数 0.5777）和摩托车（生存型平均系数 0.4165）的购买。总之，"新农合"显著、正向影响农民对于摩托车、电脑等生存型、发展型耐用品的消费（东部地区不显著），但是对农民享受型耐用品消费的影响不显著。由此可见，"新农合"对农民耐用品消费层次的影响由低到高，现阶段还未能对农民享受型耐用品消费产生显著影响，这与"新农合""保基本，广覆盖"的基本目标一致，同时也说明要加强"新农合"对农民的医疗保障力度，使得农民有信心、有能力、无医疗后顾之忧地进行较高层次的耐用品消费。

第二，相对于超前消费观念而言，即期消费观念对于农民耐用品消费的促进作用较大。从全国（见表 4-4）的回归结果看，即期消费观念对汽车、电脑、摩托车的回归系数都是正值，说明即期消费观念正向影响农民对生存型、发展型、享受型耐用品消费；超前消费观念对汽车、电脑、摩托车的回归系数都是负值（仅 2 项为微弱正值），说明超前消费观念对农民生存型、发展型、享受型等耐用品消费存在挤出效应。从地区来看，即期消费、超前消费在东部地区（见表 4-5）回归系数多数为负值（仅 4 项为正值），说明消费观念在东部地区对农民耐用品消费的促进作用存在较大的挤出效应；中部地区（见表 4-6）刚好和东部地区表现相反，即期消费、超前消费在此地的回归系数多为正值（仅 2 项为负值），说明消费观念在此地区较多正向影响农民对生存型、发展型、享受型等耐用品消费；西部地区（见表 4-7）和全国的情况相似，即期消费观念正向影响农民对生存型、发展型、享受型等耐用品消费，超前消费观念对农民耐用品消费多存在挤出效应。

第三,"新农合"不仅直接影响农民耐用品消费,而且通过消费观念的间接作用影响农民各层次的耐用品消费。从全国(见表4-4)的"新农合"与即期消费观念、超前消费观念的交互项回归结果看,交叉项正向影响农民的汽车(享受型)、电脑(发展型)消费但是不显著;显著正向影响农民的摩托车(生存型)消费,由低到高的消费层次促进效应明显。这是因为"新农合"是为了保障农民的基本医疗保险,能够在一定程度上促进农民对生存型耐用品(如摩托车)消费,对享受型、发展型的耐用品(汽车、电脑)消费的支持力度不强,目前"新农合"的保障作用还难以起到显著地提升农民消费结构和消费层次的作用。从各地区的"新农合"与即期消费观念、超前消费观念的交互项回归结果看,在东部地区(见表4-5),"新农合"与即期消费观念交叉项的系数为负值,表明它们对农民各层次耐用品消费具有负向作用,存在挤出效应;"新农合"与超前消费观念的系数为正值,表明它们对农民各层次耐用品消费具有正向作用。在中部地区(见表4-6),"新农合"与即期消费观念、超前消费观念的交互项回归系数皆为正值,说明在参加"新农合"的情况下,农民具有超前消费倾向愈大,对耐用品消费越多;即期消费观念越强,对耐用品的消费越大。在西部地区(见表4-7),"新农合"与超前消费观念交叉项的系数为正值,且分别在10%、5%的显著性水平下对农民生存型、享受型耐用品消费有促进作用;但是"新农合"与即期消费观念交叉项的系数为负值(仅1项为弱正值),表明它们对农民享受型、生存型耐用品消费具有负向作用,存在挤出效应。即在参加"新农合"的情况下,农民具有超前消费倾向愈大，对耐用品消费越多；即期消费观念越强，对耐用品的消费越小。综合来看，"新农合"与消费观念的交互作用对农民生存型耐用品消费的促进作用较大。

第四，从家庭控制变量经济状况、家庭年收入、婚姻状态在全国（见表4-4）的回归结果中看，前两项显著正向影响农民各层次的耐用品消费，而婚姻状态的影响效果不明显（仅对生存型消费有较显著的促进作用）。就东部地区（见表4-5）而言，家庭年收入显著正向影响农民各层次的耐用品消费，而经济状况、婚姻状态仅显著正向促进了农民生存型耐用品的消费，对发展型、享受型耐用品消费影响不显著。就中部地区（见表4-6）而言，家庭年收入显著正向影响农民各层次的耐用品消费，而经济状况显著正向促进了农民生存型、发展型耐用品的消费，对农民享受型耐用品消费影响不显著。婚姻状态显著正向影响农民生存型耐用品的消费，对发展型耐用品消费有挤出效应，对享受型耐用品消费影响不显著。就西部地区（见表4-7）而言，家庭年收入、经济状况显著正向影响农民各层次的耐用品消费，而婚姻状态仅正向促进了农民享受型耐用品的消费，对生存型、发展型耐用品消费影响存在挤出效应。总之，家庭年收入高、经济状况好的农民越愿意进行耐用品的消费，婚姻状态影响效果不显著。

第五，从个人特征控制变量来看，对全国（见表4-4）的回归结果而言，非农工作经历、受教育年限的系数为高度显著的正值，说明非农工作经历、受教育年限显著促进农民各层次的耐用品消费，同时健康程度显著正向促进农民生存型、发展型耐用品消费，对享受型耐用品影响不显著；赡养老人、男性的农民对各个层次耐用品消费的影响比未赡养老人、女性的农民大,但是影响效果不显著。对东部地区(见表 4 - 5)而言,受教育年限显著促进农民各层次的耐用品消费。健康程度显著正向影响农民生存型耐用品消费,较显著影响发展型耐用品消费,对享受型耐用品消费影响不显著。非农工作经历显著正向影响农民生存型耐用品消费,较显著影响享受型耐用品消费,对发展型耐用品消费影响不显著。男性农民对各层次耐用品消费大于女性,但不显著。赡养老人情况、年龄效果不明显。对中部地区(见表 4 - 6)而言,受教育年限显著促进农民各层次的耐用品消费。非农工作经历显著正向影响农民生存型、发展型耐用品消费,对享受型耐用品消费影响不显著。健康程度、性别、赡养老人情况对农民生存型、发展型耐用品消费有促进作用,但不显著。对西部地区(见表 4 - 7)而言,受教育年限、非农工作经历显著正向影响农民各层次耐用品消费。健康程度、赡养老人情况对农民各层次耐用品消费有促进作用,但不显著;性别和年龄影响效果不明显。

4.4 本章小结与启示

本章基于 2010 年中国综合社会调查数据,检验"新农合"对农民摩托车(生存型)、电脑(发展型)、汽车(享受型)耐用品消费的影响,同时考虑消费观念的中介作用。然后比较全国与东、中、西部地区"新农合"对农民各层次耐用品消费的影响。研究发现:(1)"新农合"能够有效促进农民耐用品消费,且具有明显的消费层次促进效应，即"新农合"对农民生存型、发展型耐用品消费影响显著；对享受型耐用品消费影响不显著。按地区来看，"新农合"在中部地区对农民耐用品消费的影响和全国基本一致，在东、西部地区的影响情况差异较大。（2）超前消费观念、即期消费观念对农民各层次耐用品消费的影响作用不尽相同，相对于超前消费观念而言，即期消费观念对于农民耐用品消费的促进作用较大。（3）"新农合"不仅直接影响农民耐用品消费，而且通过消费观念的间接作用影响农民各层次的耐用品消费。

根据研究结论有如下政策启示：第一，应大力加强"新农合"的医疗保障力度，统筹城乡医疗保障措施，扩大农民（农村）重大疾病的医疗保障范围。第二，加大财政转移支付力度和医疗保险制度的顶层设计，鼓励地方财政政策配套，加大惠农参保政策的支持力度，减轻农民因医疗保障、重大疾病诊疗等方面的负担，从而刺激农民的消费，扩大耐用品消费。第三，加强对整合城乡居民基本医疗保险制度相关知识的宣传力度，多方位引导农民学习新的医疗保险知识，提高农民对城乡居民基本医疗保险制度的认识，增强医疗保险意识。第四，国家在实行城乡统一的居民基本医疗保险制度缩小二元体制下医疗保险制度差距的同时，应千方百计地增加农民财产性收入、经营性收入，提升农民消费由生存型、发展型向享受型转变，不断扩大农民（农村）高层次耐用品消费市场份额。

第5章

新型社会保障对农民耐用品
消费效应的比较

国家"十三五"规划明确提出"发挥消费对增长的基础作用，着力扩大居民消费"。经济新常态下，为探索如何促进居民消费结构不断升级，消费领域的研究更加注重人民群众的需求以及消费心理的分析。当前，我国城市消费增长乏力，农村消费增长成为推动经济发展新的增长点。挖掘农民群体的消费潜力，扩大6.7亿多农民的消费需求成为推动我国经济增长的重要驱动力。那么，"如何刺激农民消费"是亟须回答的一个问题。虽然经济收入决定着农民的消费能力，但是消费观念和储蓄习惯亦是影响农民消费的重要因素。由预防性储蓄理论可知，社会保障具有社会保险的功能，可降低个体对未来支出的不确定性，进而减少预防性储蓄，扩大消费。反之，当社会保障制度不足以解除个体后顾之忧时，为了防范不可预见的风险，通常个体会增加预防性储蓄，从而不愿意消费甚至不敢消费（吴春霞等，2013），尤其是耐用品的消费。

纵观我国社会保障制度的发展，农村居民的社会保障体系不断完善，理论上讲一定程度减少了农民医疗开支、减轻了未来养老负担，使得社会财富向边际消费倾向高的低收入群体转移，达到增加社会总体消费的效果（方匡南等，2013）。我国新型农村合作医疗保险制度和新型农村养老保险制度先后于 2003 年和 2009 年实施，那么在现实当中，参保农民与非参保农民的消费情况是否存在差异？不同的保障方式对于农民消费的影响是否存在差异？试点区域与非试点区域是否存在差异？这些都是需要回答的问题。

5.1 文 献 简 评

社会保障与居民消费关系研究成果斐然。在国外，凯恩斯（Keynes，1936）、弗里德曼（1957）、莫迪利安尼（1975）等权威专家从不同的角度研究得到社会保障对居民消费有正向的带动作用。而国内学者结合我国具体国情，对于社会保障和农民消费的研究成果颇丰。刘畅（2008）和李琼英（2009）利用社会保障支出的宏观数据，均发现社会保障支出正向影响农民消费，姜百臣等（2010）进一步计算出，社会保障支出对农村居民消费支出的弹性系数（弹性系数为 0.1702）。但是也有学者持谨慎态度，认为社会保障制度并不一定能够扩大消费。著名哈佛大学教授马丁·费尔德斯坦（1974）首次提出社会保障的"资产替代效应"和"引致退休效应"，其中，前者是一种"挤出储蓄、增加消费"的力量，但是后者则会迫使个体为退休时期的延长而增加储蓄，最终二者的净

效应决定着社会保障对于储蓄和消费的影响。我国学者刘新
（2011）也发现社会保障对于农民消费具有挤出效应，杨志明
（2011）、杨孟禹（2012）在引入时间变量并运用结构方程模型分
析，发现短期来看社会保障对于农民消费确实存在挤出效应，但
是长期来看社会保障对农民消费存在积极影响。

　　关于耐用品消费的国外研究多集中在（S，s）模型的实证检验
和参数估计上。由于耐用品消费的非线性特点，贝尔托拉（Bertola，
2005）等学者采用非线性参数估计方法来研究美国、意大利汽车消
费的影响因素。国内学者研究住房改革对城镇家庭耐用品消费的影
响，发现住房改革对耐用品消费次序具有影响（尹志超等，2009）；
经历了住房改革的家庭可以抵押住房，增加融资能力，减少流动性
约束从而增加消费。也有学者研究发现国企改革、员工下岗使得家
庭"收入风险"增加，抑制了家庭的耐用品消费。与城市家庭相比
农村家庭的收入风险更高、房地产财富更少，因此农民对风险更加
敏感、对耐用品消费支出更加谨慎（樊潇彦，2007；方匡南等，
2013）。

　　从现有的研究来看，利用全国性的权威数据实证检验新型社会
保障制度对于农村居民消费影响的研究不多，对于耐用品消费的研
究更是少之又少；而不同类型的社会保障方式对于农民耐用品消费
的影响比较研究亦是没有。鉴于此，本章以 2010 年中国综合社会调
查的 4561 个农户微观数据为研究样本，按农民参加"新农合""新
农保"分成两组，采用二元 Logit 回归模型研究不同新型社会保障对
农民耐用品消费的影响，并比较"新农保"试点区域与非试点区域
农民耐用品消费的差异。

5.2 理 论 基 础

居民消费理论经历了绝对收入和相对收入假说的确定条件下的消费理论、持久收入和生命周期假说的不确定条件下的消费理论和基于心理特征的行为消费理论三个阶段。前两个阶段的消费理论为主流消费理论，有两个假设条件：第一，消费者完全理性，并能够根据掌握的信息和对未来的预测做出理性决策。第二，贴现率为常数，它代表消费者对当前消费的贴现与下一期消费的贴现相同，不会因跨期消费而产生差异。事实上，由于消费者的非完全理性和控制力不足，他们即使知道一生效用最大化的各期正确消费决策，执行是很困难的。由此导致了现实居民消费与主流消费理论产生重大偏离，甚至背离。

预防性储蓄理论告诉我们：社会保障具有社会保险的功能，可以降低个体对未来支出的不确定性，进而减少预防性储蓄，扩大消费。相反的情况是，当社会保障制度不足以解除个体后顾之忧时，为了防范不可预见的风险，通常个体会增加预防性储蓄，从而不愿意消费甚至不敢消费。纵观我国社会保障制度的发展，新型农村合作医疗保险制度和新型农村养老保险制度先后于2003年和2009年实施。其中，"新农合"自2003年7月实施以来，试点区县范围不断扩大，参保率不断攀升，政府补助资金逐年增加，全国各地县域财政统筹不断完善。中央、地方政府对参加"新农合"人员的补助资金从2003年的每人20元增长到2015年的人均380元，12年期间政府补助资金增长了 18 倍，年均增长率 150%。2016 年 1 月，国务院关于《整合城乡居民基本医疗保险制度的意见》正式实施，意味着"新农合"成为城乡居民医疗保险的一部分，按照六个"统一"的制度政策要求为全面建成小康社会和社会主义新农村建设发挥医疗保障作用。"新农保"自 2009 年实施以来，在短短 10 多年间内基本完成"保基本，广覆盖，多层次，可持续"的目标。实际上，对于年轻人来说，"新农保"相当于储蓄式的个人账户和政府补助的结合，增加了其未来预期收入，从而使其有信心消费，促进其消费倾向及意愿；对于参加"新农保"的老年农民而言，60 岁以后每月可以领到政府补助和自交费用的返还部分是明确的，相当于一种额外的收入，农民对待这种额外收入具有较高的边际消费倾向，政府补助和自交费用的返还为农民家庭消费提供了一定的经济基础，能够增加农民家庭的消费意愿。

理论上，由于社会保障具有社会保险功能，"新农合"与"新农保"会在一定程度上减少农民的医疗开支、减轻未来的养老负担，使得社会财富向边际消费倾向高的低收入群体转移。但现实情况是，农村市场、农民消费"启"而不动，主要是农民的最低生活保障、医疗、养老等社会保障制度不够健全，使得农民的社会保障难以更好地发挥社会保险功能。

基于以上考虑，消费理论研究者开始关注个人心理及个人社会特征对消费的影响，由此产生了行为消费理论。行为消费理论更多关注了消费者的心理和社会特征，同时对完全理性的决策能力、时间等前提假设条件予以放松，明确提出了消费者是非完全理性的，而且消费者对时间的偏好也不具有一致性（方福前等，2014）。理论上，影响农民耐用品消费的因素有很多，除了家庭收入、经济状况以外，社会因素、个人因素、环境因素同样对农民耐用品消费有着重要影响。由于耐用品使用周期较长，农民对其购买表现为非连续性和一定的随机性，即农民购买耐用品不一定是理性行为，同时受社会制度、从众的观念、攀比的心理等因素影响。新型社会保障的实施必然会对农民的预期收入、预防性储蓄以及对未来风险预期产生诸多的影响，使农民对未来预期更加乐观，在一定程度上代替个人实现了跨期消费规划所要进行的储蓄，这就会使农民倾向于减少预防性储蓄而增加消费（姜百臣，2010）。本章研究对农民的基本假设是非完全理性的，且农民消费存在不同的时间偏好（具有代表性的如超前消费、即期消费等），符合行为消费理论及其前提假设条件。

5.3 数据来源与描述性分析

5.3.1 数据来源

2010 年中国综合社会调查采取的是多层次分层抽样的方法，对 12000 户家庭进行了调查，包含中国家庭的基本信息、参与"新农合、新农保"、消费观念以及耐用品消费等与本研究密切相关的信息，其调查对象涵盖了中国多数省份的 100 多个县（市、区）。根据问卷剔除城镇和缺失值后，最终筛选出 4561 份考察样本，其中参加新型农村合作医疗保险/公费医疗的农户有 4154 个，没参加的农户有 407 个，参保率 91.08%；参加新型农村养老保险的农户有 1111 个，没有参加的农户有 3450 个，参保率 24.36%。考察样本涵盖了全国 26 个省、自治区、直辖市，84 个县（市、区），其中有 17 个县是"新农保"制度试点县（市、区）共包括 848 个样本。

5.3.2　指标说明与定义

自变量新型社会保障根据问卷的"A61 您目前是否参加了以下社会保障项目"的回答予以设定：参加了 = 1，没有参加/不适用 = 0；消费观念的根据问卷"D1 首先，我们想了解一下您关于生活和消费的一些看法"来测量；选定经济状况、年龄、教育、健康、家庭年收入、非农工作经历、试点区域、婚姻状况、赡养老人情况作为控制变量。因变量"农民是否消费耐用品"通过问题项"C9"农民对家用小汽车、电脑、摩托车的购买情况设定二元变量予以测量（购买赋值为 1，没有购买/不适用赋值为 0；家用小汽车代表享受型消费、电脑代表发展型消费、摩托车代表生存型消费，它们分别代表了农民耐用品消费从高到低的三个层次），并通过对购买时间的回答测定其是否在新型社会保障制度出台前购买，制度出台前购买赋值为 0，制度出台后购买赋值为 1。各项指标的选取及说明见表 5-1。

表 5 - 1　　　　　　　　　各项指标的描述和定义

名称	符号	描述	定义
耐用品消费	Choice	以下大件商品，您家是否购买？何时购买	购买 = 1，没有/不适用 = 0
"新农合"	MSS	您目前是否参加了以下社会保障项目	参加了 = 1，没有参加/不适用 = 0
"新农保"	OSS	您目前是否参加了以下社会保障项目	参加了 = 1，没有参加/不适用 = 0
超前消费	DS	"花明天的钱，圆今天的梦"，透支消费很正常	具体数字
即期消费	IS	有了多余的钱我首先考虑的是存起来	具体数字（反向赋值）
经济状况	EC	您家的家庭经济状况在当地属于哪一档	远低于平均水平 = 1，低于平均水平 = 2……远高于平均水平 = 5
健康程度	HC	您觉得您目前的身体健康状况是	很不健康 = 1，比较不健康 = 2……很健康 = 5
家庭年收入	HI	您家 2009 年全年家庭总收入是多少	具体数字（万元）
非农工作经历	NFW	您工作经历及状况是	有非农工作经历 = 1，无 = 0
试点区域	TA	问卷的市区县编码	试点区域 = 1，非试点区域 = 0
年龄	AGE	您的出生年份	2010 - 出生年份
性别	SEX	性别	男 = 1，女 = 0
教育	EDU	您目前的受教育年限是（包括目前在读的）	没有 = 0，小学 = 6……研究生及以上 = 19
婚姻状态	MON	您目前的婚姻状况	丧偶、离婚、已婚 = 1，未婚 = 0

名称	符号	描述	定义
赡养老人情况	P	您是否赡养老人	是 = 1，否 = 0

5.3.3 描述性分析

根据农民是否参保和是否试点区域对农民进行分类，直观比较两类农民的耐用品消费情况。由表 5 - 2 可知，首先，参加"新农合"农民的耐用品消费数量高于没有参加"新农合"的农民耐用品消费。参加"新农合"农民的汽车拥有量为每万人 491 辆，是没有参加"新农合"的 2 倍；参加"新农合"农民的电脑拥有量为每万人 255 台，是没有参加"新农合"的 10 倍；参加"新农合"农民的摩托车拥有量（每万人 4067 辆）远高于没有参加"新农合"农民的摩托车拥有量（每万人 2071 辆）。其次，参加"新农保"农民的耐用品消费数量也高于没有参加"新农保"的农民耐用品消费数量，参加"新农保"农民的汽车、电脑和摩托车拥有量分别约是没有参加"新农保"农民拥有量的 4 倍、11 倍、2 倍，"新农保"促进农民耐用品消费的作用高于"新农合"的促进作用。最后，"新农保"试点区域农民耐用品消费数量高于非试点区域农民耐用品消费数量，"新农保"试点区域农民的电脑拥有量约是非试点区域农民电脑拥有量的 2 倍，"新农保"试点区域农民的汽车、摩托车拥有量为每万人 354 辆、1898 辆，均高于"新农保"非试点区域农民每万人的汽车、摩托车拥有量。

表 5 – 2　　新型社会保障制度对农民耐用品消费影响的描述性统计

类别	"新农合"		"新农保"		试点区域	
	参加	未参加	参加	未参加	试点	非试点
汽车消费量（辆）	0.0491	0.0246	0.0918	0.0258	0.0354	0.0304
电脑消费量（台）	0.0255	0.0025	0.0756	0.0067	0.0212	0.0135
摩托车消费量（辆）	0.4067	0.3071	0.7264	0.2922	0.1898	0.1823

　　注：试点区域是指新型农村社会养老保险制度 2009 年以来的首批试点县（市、区）；新型农村合作医疗在调查年度已经基本覆盖全国农村地区，因此不涉及试点区域问题。

　　总之，根据农民是否参保分成两类，其汽车、电脑、摩托车等耐用品消费分布具有明显差异，参加新型社会保障的农民耐用品消费高于没有参加新型社会保障的农民耐用品消费，"新农保"试点区域农民耐用品消费高于非试点区域农民耐用品消费。

5.4　模型构建与实证结果分析

5.4.1　模型构建

　　本章将农民购买汽车、电脑、摩托车等耐用品消费决策理解成一个二向性（dichotomy）问题，即因变量为非此即彼的二元变量。故可将"农民耐用品消费"设置为虚拟变量，令购买了耐用品的样

本取值为 "1"，没有购买耐用品的样本取值为 "0"。Logit 模型是分析该类问题常用的工具，其理论基础为二元选择理论。模型函数为概率分布函数，具体表述如下：

$$p_i = F(z_i) = F(\alpha + \beta X_i + \mu) = \frac{1}{1+e^{-z_i}} = \frac{1}{1+e^{-(\alpha+\beta X_i)}}. \quad (5-1)$$

式（5 - 1）中，$Z_i = \alpha + \beta X_i + \mu$，$e$ 表示自然对数的底。估计式为：

$$\ln \frac{p_i}{1-p_i} = Z_i = \alpha + \beta X_i + \mu. \quad (5-2)$$

式（5 - 1）、式（5 - 2）中，p_i 为农民购买耐用品的概率，β 为待估计参数，X_i 为解释变量向量，μ 为误差项。

依据二元 Logit 模型回归方法考察影响农民耐用品消费的因素，基于 "新农合" 和 "新农保" 两种新型社会保障制度，构建基本模型如下：

$$\sum_{i=1}^{3} Choice_i = \alpha + \beta_1 MSS + \sum_{l=1}^{2} \beta_l Cidea_l + \sum_{j=1}^{n} \beta_j CV_J + \varepsilon,$$

$$(5-3)$$

$$\sum_{i=1}^{3} Choice_i = \alpha + \beta_1 OSS + \sum_{l=1}^{2} \beta_l Cidea_l + \sum_{j=1}^{n} \beta_j CV_J + \varepsilon.$$

$$(5-4)$$

模型（5 - 3）和模型（5 - 4）中，被解释变量为农民是否购买耐用品 Choice（购买为 1，没有购买为 0），本章以汽车、电脑和摩托车三种耐用品消费为例进行分析。MSS 代表自变量新型农村医疗合作保险制度；OSS 代表自变量新型农民社会养老保险制度；Cidea 代表自变量消费观念，涉及超前消费和即期消费两个维度；CV 代表控制变量；ε 为残差项。

5.4.2 实证结果分析

模型的回归结果如表5－3和表5－4所示，模型整体在1%的显著性水平上通过了F检验，且判定系数 R^2 达到均超过0.5，据此可得到如下结论。

表5－3   "新农合"组农民的耐用品消费的回归结果

解释变量	汽车		电脑		摩托车	
	（1）	（2）	（3）	（4）	（5）	（6）
MSS	0.4867 *		2.2906 **		0.3507 ***	
	(1.67)		(2.22)		(2.96)	
DS	－0.0026	－0.2823	－0.0030	－0.6575	－0.0026	－0.1397 **
	(－0.05)	(－1.34)	(－0.05)	(－0.71)	(－0.12)	(－2.31)
IS	0.0082	0.1047	0.0356	0.0828	0.0094	0.0635
	(0.17)	(0.66)	(0.58)	(0.13)	(0.48)	(1.17)
EC	0.3574 ***	0.3536 ***	0.4990 ***	0.4983 ***	0.3952 **	0.3936 ***
	(3.00)	(2.96)	(3.15)	(3.14)	(8.42)	(8.38)
HC	0.0959	0.0953	0.0773	0.0771	0.0958 ***	0.0960 ***
	(1.17)	(1.16)	(0.71)	(0.71)	(3.11)	(3.12)
HI	0.1767 ***	0.1758 ***	0.1608 ***	0.1610 ***	0.0526 ***	0.0518 ***
	(8.68)	(8.61)	(7.15)	(7.14)	(3.71)	(3.65)
NFW	0.2645	0.2627	0.3862 **	0.3870 **	0.2784 ***	0.2773 ***
	(1.63)	(1.62)	(1.97)	(1.97)	(4.28)	(4.26)
AGE	－0.0282	－0.0297	0.0135	0.0131	0.0179	0.0174
	(－0.81)	(－0.86)	(0.28)	(0.27)	(1.29)	(1.25)

解释变量	汽车		电脑		摩托车	
	(1)	(2)	(3)	(4)	(5)	(6)
AGE^2	-0.0001	-0.0002	-0.0002	-0.0002	-0.0003**	-0.0003**
	(0.38)	(0.42)	(-0.47)	(-0.46)	(-2.32)	(-2.28)
SEX	0.0621	0.0620	0.1038	0.1005	0.0745	0.0780
	(0.39)	(0.39)	(0.48)	(0.47)	(1.15)	(1.20)
EDU	0.1256***	0.1263***	0.2026***	0.2030***	0.0619***	0.0622***
	(5.25)	(5.27)	(5.99)	(6.00)	(7.12)	(7.17)
MON	0.4140	0.4057	0.2637	0.2638	0.2313**	0.2300**
	(1.41)	(1.39)	(0.66)	(0.66)	(2.28)	(2.26)
P	0.3325	0.3369	0.4651	0.4638	0.2043	0.2057
	(1.23)	(1.25)	(1.40)	(1.39)	(1.50)	(1.51)
$MSS \times DS$		0.2910		0.6571		0.1532**
		(1.39)		(0.71)		(2.53)
$MSS \times IS$		0.1008		0.1192		0.0583**
		(0.63)		(0.19)		(1.96)
$cons$	-5.9848***	-5.4598***	-10.4773***	-8.1874***	-3.0555***	-2.7127***
	(-6.33)	(-6.00)	(-6.48)	(-6.42)	(-7.87)	(-7.07)
F 值	246.76***	249.19***	208.38***	210.24***	454.02***	457.51***
调整的 R^2	0.6556	0.6571	0.7054	0.7072	0.5740	0.5746

注：***、**、*分别表示变量系数通过了1%、5%、10%的显著性检验。另外，新型农村合作医疗在调查年度已经基本覆盖全国农村地区，因此不涉及试点区域问题。

表 5-4 "新农保"组农民的耐用品消费的回归结果

解释变量	汽车		电脑		摩托车	
	(1)	(2)	(3)	(4)	(5)	(6)
OSS	1.1139***		2.3222***		2.0241***	
	(6.00)		(7.33)		(23.08)	

续表

解释变量	汽车		电脑		摩托车	
	(1)	(2)	(3)	(4)	(5)	(6)
DS	0.0625 (1.11)	0.0302 (0.43)	0.0461 (0.56)	0.1046 (0.75)	0.0156 (0.57)	0.1208 *** (3.46)
IS	-0.0064 (-0.12)	-0.1081 (-1.51)	-0.0800 (-0.99)	-0.3150 ** (-2.15)	-0.0049 (-0.19)	-0.0895 *** (-2.79)
EC	0.3604 *** (2.65)	0.3533 *** (2.60)	0.4078 ** (2.06)	0.3950 ** (2.01)	0.2166 *** (3.50)	0.2225 *** (3.63)
HC	0.0944 (1.01)	0.0936 (1.00)	0.0754 (0.57)	0.0767 (0.57)	0.0713 ** (1.97)	0.0665 ** (1.66)
HI	0.1626 *** (7.80)	0.1635 *** (7.83)	0.1701 *** (6.55)	0.1698 *** (6.43)	0.0226 (1.47)	0.0223 (1.44)
NFW	0.2259 (1.20)	0.2206 (1.18)	0.3067 (1.10)	0.2928 (1.05)	0.3206 *** (3.70)	0.3139 *** (3.66)
TA	0.1865 (0.85)	0.1915 (0.87)	0.5274 * (1.77)	0.5528 * (1.86)	0.1903 * (1.76)	0.1626 (1.51)
AGE	-0.0319 (-0.78)	-0.0305 (-0.75)	-0.0442 (-0.71)	-0.0349 (-0.56)	-0.0308 * (-1.70)	-0.0295 * (-1.65)
AGE^2	0.0001 (0.25)	0.0001 (0.21)	0.0002 (0.38)	0.0002 (0.25)	0.0001 (0.82)	0.0001 (0.76)
SEX	0.1908 (1.03)	0.1934 (1.04)	0.2926 (1.08)	0.2942 (1.08)	0.1241 (1.45)	0.1342 (1.58)
EDU	0.0777 *** (2.90)	0.0786 *** (2.94)	0.1259 *** (3.06)	0.1290 *** (3.15)	0.0097 (0.84)	0.0143 (1.24)
MON	0.3258 (0.99)	0.3266 (0.99)	0.3976 (0.78)	0.3564 (0.70)	0.3315 ** (2.38)	0.3344 ** (2.41)
P	0.4813 * (1.65)	0.5005 * (1.72)	0.5086 (1.27)	0.5596 (1.41)	0.2510 (1.49)	0.2438 (1.47)
OSS × DS		0.0696 (0.84)		0.2106 (1.47)		0.2873 *** (6.94)

续表

解释变量	汽车		电脑		摩托车	
	（1）	（2）	（3）	（4）	（5）	（6）
$OSS \times IS$		0.2005		0.3260		0.1928 ***
		（2.49）		（2.19）		（5.07）
cons	－5.8252 ***	－5.3049 ***	－7.6001 ***	－6.1404 ***	－2.5543 ***	－1.6971 ***
	（－5.53）	（－4.99）	（－4.76）	（－3.82）	（－5.16）	（－3.42）
F 值	218.21 ***	221.17 ***	193.95 ***	186.43 ***	707.93 ***	655.15 ***
调整的 R²	0.6716	0.6739	0.7743	0.7637	0.6627	0.6506

注：***、**、* 分别表示变量系数通过了1%、5%、10%的显著性检验。

第一，新型社会保障制度有助于促进农民耐用品消费。"新农合"和"新农保"制度均正向影响农民对汽车、电脑和摩托车等耐用品的消费。具体来看，"新农合"在5%的显著性水平下影响农民对于电脑的购买，在1%的显著性水平下影响农民对于摩托车的购买，具有较高的统计学显著性意义；从系数来看，"新农合"比较强烈地刺激了农民对电脑（系数2.2906）的购买，其次是汽车（系数0.4867）和摩托车（系数0.3507）的购买；"新农保"在1%的显著性水平下影响农民对于汽车、电脑和摩托车等耐用品的消费，且"新农保"制度对农民耐用品消费的影响系数均高于"新农合"制度对农民耐用品消费的影响系数。由此可见，新型社会保障制度有助于促进农民耐用品消费，这与白重恩等（2012）、张川川等（2013）、马光荣等（2014）研究所得的结论相同。

第二，"新农保"制度对于农民耐用品消费的促进作用大于"新农合"制度对农民耐用品消费的影响。"新农保"制度在1%的显著性水平下，显著正向影响农民对汽车、电脑、摩托车等耐用品消费，且"新农保"制度对农民耐用品消费的影响系数均高于"新农合"制度对农民耐用品消费的影响系数，"新农保"统计量的显著性水平也高于"新农合"，这说明"新农保"制度对农民耐用品消费的促进作用要高于"新农合"的促进作用，且具有很高的统计学显著性意义。实际上，对于参加"新农保"的农民而言，60岁以后每月可以领到政府补助和自交费用的返还部分是明确的，相当于一种额外的收入，农民对待这种额外收入具有较高的边际消费倾向，政府补助和自交费用的返还为农民耐用品消费提供了一定的经济基础，所以"新农保"制度对农民耐用品消费具有较强的促进作用。这一结论刚好与程闻硕（2014）所得的结论相反，笔者认为是因变量不同所致，本章的因变量是汽车、电脑、摩托车等耐用品消费，而对方的因变量是农民生活消费支出。

第三，社会保障制度不仅直接影响农民耐用品消费，而且通过消费观念间接影响农民的耐用品消费。从"新农合""新农保"与即期消费观念、超前消费观念的交互项回归结果看，交叉项正向影响农民的汽车、电脑消费但是不显著；显著正向影响农民的摩托车消费。因为新型社会保障制度是为了保障农民的基本生活耐用品（如摩托车）消费，对高层次的耐用品（汽车、电脑）消费的支持力度不强，目前新型农村社会保障制度的实施还难以起到显著地提升农民消费结构和消费层次的作用。在表5-3中，超前消费观念的系数为负值，表明超前消费观念对耐用品消费具有负向作用，存在挤出效应；即期消费观念的系数为正值，表明即期消费观念对耐用品消费具有的正向作用。即在参加"新农合"的情况下，农民具有超前消费倾向愈大，对耐用品消费越少；即期消费观念越强，对耐用品的消费越大。在表 5 - 4 中，超前消费观念的系数为正值，表明超前消费观念对耐用品消费具有促进作用；即期消费观念的系数为负值，表明即期消费观念对耐用品消费具有负向作用，存在挤出效应。即在参加"新农保"的情况下，农民具有超前消费倾向愈大，对耐用品消费越多；即期消费观念越强，对耐用品的消费越小。"新农合""新农保"与超前消费、即期消费交叉项的系数为显著的正值，特别是对农民购买摩托车的促进作用较大而且显著，说明新型社会保障通过对消费观念的间接作用，从而显著正向影响农民耐用品消费。

第四，"新农保"制度试点区域的农民耐用品消费高于非试点区域的农民耐用品消费。"新农保"制度的实施可以解决农民的养老后顾之忧，降低农民的老年生活保障风险，增加消费信心，提高农村居民的消费倾向，增加耐用品消费。对于年轻人来说，"新农保"相当于储蓄式的个人账户和政府补助的结合，增加了其未来预期收入，从而使其有信心消费，促进其耐用品消费；对 60 岁以上的老年人来说，参保除了增强他们消费倾向外，养老金发放也会直接增强其消费能力或者增强其支持家人进行耐用品消费的能力。总之，试点区域农民参加"新农保"有助于增加其对未来的预期收入，从而减少其"预防性储蓄"，实现耐用品消费。此结论与贺立龙等（2015）研究结论不谋而合。

第五，经济状况、家庭年收入、受教育年限的系数为高度显著的正值，说明经济状况好、家庭年收入高、受教育年限长的农民越愿意进行耐用品消费，同时身体健康、已婚、具有非农工作经历的农民对耐用品消费的需求高于身体不健康、未婚、没有非农工作经历的农民。性别、赡养老人情况的系数为正值,说明身为男性、赡养老人的农民对耐用品消费大于女性、未赡养老人的农民;年龄的系数多为负值,说明年龄越大的农民对家用汽车、电脑、摩托车的消费需求越弱。

5.5　本章小结与启示

本章基于 2010 年中国综合社会调查数据,以汽车、电脑、摩托车的消费为例,研究新型社会保障对消费观念的影响以及二者对农民耐用品消费的影响,而后根据参加"新农合""新农保"将农民分成两组,采用 Logit 模型回归比较两组农民耐用品消费情况,并分析"新农保"首批试点区域农民的耐用品消费与非试点区域农民耐用品消费的差异。由此可得研究结论为:一是新型社会保障制度有助于促进农民耐用品消费。新型社会保障使农民对未来预期收入更加乐观,从而增加了耐用品消费。二是"新农保"制度对于农民耐用品消费的影响作用大于"新农合"制度的影响。参加"新农保"的农民把从政府领到的补贴和自交费用的返还看成是一种额外的收入,具有较高的边际消费倾向,所以对农民耐用品消费有较大刺激作用。三是社会保障制度通过对消费观念间接作用影响农民的耐用品消费,即期消费、超前消费观念在分组中对农民耐用品消费效果各异。四是在"新农保"制度试点区域,农民耐用品消费高于非试点区域。无论是年轻人还是老年人,试点区域农民参加"新农保"都有助于增加其对未来的预期收入,从而减少其"预防性储蓄"，增加耐用品消费。

　　根据研究结论有如下政策启示：第一，应完善新型社会保障制度，加大财政转移支付力度，扩大保障范围，减少农民因医疗支出、养老生活保障等方面负担，从而刺激农民的消费，扩大耐用品消费。第二，政府应不断加强新型社会保障知识的宣传力度，多方位引导农民学习新型社会保障知识，提高其对"新农合""新农保"的认识，积极参加新型社会保障，减少后顾之忧，提高生活质量。第三，国家在实施新型社会保障制度提高农民的基本生活消费的同时，应千方百计地缩小城乡收入差距，整合城乡居民社会保障制度缩小制度差距，增加农民财产性收入，主要抓好以下三个方面的工作：一是增加农民经营性收入，通过引用良种，提高作物质量，增加农业种植直接收益；加大富农项目培训，提高农民种养技能，提升农业种养业的比较收益；夯实农村基础设施，降低农业生产成本，提高农业劳作间接收益。培育特色品牌，畅通市场渠道，增加农业产品附加收益。二是增加农民工资性收入，通过培育新型职业农民，健全城乡平等就业制度，实现同工同酬增加农民打工收入；支持农民创业创新，大力发展乡村旅游、休闲农业和农产品加工等劳动密集型产业项目，实施农民工等人员返乡创业优惠政策增加农民创业收入；引导龙头企业创办或入股合作组织，健全产业链联结机制，增加农民合作收入。三是增加农民财产性收入，这也是城乡收入差距中农民收入比较大的一块"短板"，与发达国家相比，我国农民财产性收入在总收入中的比例远远低于发达国家。可以通过健全农村土地产权制度、创新土地流转制度实现农村承包地、宅基地、林地等的租赁、抵押功能，拓宽土地增收渠道，增加农民土地租赁、抵押的财产性收入；依照法规放活农村土地经营权抵押融资，促进农民土地经营权变为金融资本的能力，让农民把土地经营权变成"活资本"快速增加农民土地融资的财产性收入；支持农民以土地、林地等资源开办或入股龙头企业，鼓励大型粮油加工企业与种粮农户以多种方式结成更紧密的利益共同体，有效激活农村土地、林地等资源的需求，增加农民土地使用权、承包权的财产性收入。由此来提升农民消费结构，扩大农村耐用品消费市场份额。第四，对于农民家庭而言，参加新型社会保障的人数越多，越有利于家庭的消费，尤其是耐用品消费，更是农民家庭消费的集中体现。所以，支持和鼓励家庭成员以及全体农民参加新型社会保障，对促进农民耐用品消费具有重要意义。第五，完善农村基本社会保障体系，保障农民基本生活无忧。应建立农民最低生活保障制度，在"五保户"的基础上确定广大农民的最低生活保障线，通过保障资金的筹集、选择合理的资金管理方式、保障机制等，使农民的基本生活有切实的保障，逐步提高农民的基本消费能力。第六，在整合城乡居民基本医疗保险制度的基础上，逐步提升居民基本医疗保险制度的保障水平，强化农村居民基本医疗保险制度管理与监督，使农民逐步摆脱看病难、看病贵的困境。逐渐消除农民因病致贫的担忧，减少农民预防性储蓄，扩大消费。第七，逐步建立农保与城保的衔接机制，打破养老保险的城乡二元格局，建立个人社会保障永久户头，实现社会保障信息的互联互通，农民交纳社会保险的记录、支付、查询、服务等均可查询、归档，逐步实现各地区间社会保险关系的转移和接续，在全国范围内逐步实现社会保障信息的互联互通。第八，以"补短板"的责任意识加强农村社会保障制度的顶层设计。农村人口已经进入老龄化阶段，农民"老有所养"的问题能否妥善解决关系到全面小康社会的建设和社会的和谐稳定。因此在设计农村社会保障制度时，要充分保证农村社会养老保险具有延展性和包容性，相关制度间可以自由转换，实行多层次梯度发展，新老办法相结合，要分步骤逐次展开，逐步实现不同区域间的社保一体化。

第 6 章

打工经历、社会关系网络
与农民家用小汽车消费

6.1 研究缘起与综述

农民的外出打工经历源于农村劳动力的大规模转移，农民进城打工不但为中国的城镇化、工业化建设做出了贡献，而且也使得农民增加了个人收入，拥有了资金资本；开阔了眼界，增长了技能，提高了人力资本；并且拓宽了社会网络，增加了社会资本。这些资本都为农民进行耐用品的消费奠定了坚实的基础。那么在现实当中农民有、无非农工作经历对享受型耐用品消费存在区别吗？如果有，非农工作经历对农民享受型耐用品消费的作用是否存在区域差异？基于此，本章利用 2013 年中国综合社会调查的农户的微观数据，在考虑社会资本以及农户家庭、个人特征等因素的条件下，从实证角度回答以上问题。

从非农工作经历（或者打工经历、外出务工）的角度研究"三农"问题的中文社会科学引文索引（CSSCI）文献不多，有学者研究得出外出打工经历对农村女性居民健康的促进作用大于男性农村居民，并且外出地点越远对健康的促进作用越大（秦立建等，2014）。而且，具有非农工作经历的农民回乡务农收入明显高于没有此种经历的农民务农收入，社会关系网络是造成收入差距的主要原因（冉璐等，2013）。由于非农工作经历增长了农民的技能、开阔了农民眼界，农民凭借这种技能可以进行职业转换，有研究表明，打工经历使得农村劳动者从事各种非农职业的可能性平均提高约30%，且随着打工时间的增长，其创业变成市民的可能性就越大（罗凯，2009）。社会资本来源于社会关系网络（Coleman，1988），是社会关系网络的总和。就农民而言，其社会资本所涵盖的社会信任、社会规范和社会参与不仅取决于其血缘和地缘基础，而且也与农民的生活和从业经历有关（李树苗，2007）。特别是随着农村劳动力的大规模转出和非农就业，农民社会资本在原来基础上得到了拓展和延伸，社会规范、社会信任和社会参与都突破了传统的血缘和地缘限制。主要体现在外出务工之前农民的社会网络具有典型中国乡土特色的初级关系，即以相互交织的"血缘和地缘"关系为主；进城以后农民为了适应城市的生存和发展，会逐渐拓展以"业缘和友缘"为主的工具理性取向的次级关系，即在城市再构社会关系网络，带来网络规模和结构的变化（张鑫等，2015）。袁国方、邵秀军等（2014）认为外出务工收入对农民耐用品消费倾向具有显著的正效应（其贡献在所有收入变量对耐用品消费的贡献中比重最大），外出务工人员流动性和外出务工收入对不同类型的农民消费倾向具有不同的影响。中国农民的享受型消费有其自身独特的文化根源和社会功能。家用小汽车作为农民一种较昂贵的耐用消费品，象征着一个人的财富和品格，代表着富贵和时尚，是一种"身份名片"。莫雷诺（Moreno，2014）认为在模糊状态下，（房屋、汽车）耐用品购买者保留价格的决定变化遵循一个参数化的模型，（房屋、汽车）隐含期权的价值在模糊感知水平中不断减少。威廉和约翰（2013）指出耐用品消费对利率下降的敏感性减弱，影响到美联储货币政策的效率，也是目前经济复苏缓慢的重要原因之一。由于耐用品消费的非线性特点，有些学者（张兵兵等，2013）从美国家庭汽车消费市场分析入手，认为二手汽车交易需求是影响新车消费需求最为重要的因素，其影响要超过个人收入支出的影响。李树良（2016a）和周亚军（2015）认为，农村居民耐用品消费受社会保障水平、收入水平、消费环境、消费观念与消费心理以及家电企业的营销行为等因素的影响；完善农村社会保障制度能够增强农民消费信心，扩大耐用品消费，从而达到扩大内需的目的。

纵观耐用品消费的研究不难发现：一是学者们从收入、社会保障、消费观念研究农村居民耐用品消费的较多，而从非农工作经历角度研究农民耐用品消费的较少，从该角度研究农民享受型耐用品消费的几乎没有；二是现有农民消费等研究采用宏观数据的较多，而从微观层面研究的少；三是从社会保障、健康、收入类型、消费观念等因素影响耐用品消费研究的较多，而从社会资本角度研究农民耐用品消费的很少。几乎没有学者从非农工作经历、社会资本的角度实证研究农民享受型耐用品消费。有鉴于此，本章以2013年中国综合社会调查的4405个农户微观数据为研究样本，检验非农工作经历对农民享受型耐用品（家用小汽车）消费的影响。同时考虑社会资本的中介作用，并对比全国与东、中、西部地区有无非农工作经历的农民享受型耐用品消费的差异，以便解释非农工作经历、社会资本对农民享受型耐用品消费的影响机理，为制定相关政策提供理论依据。

6.2　研究假设与方法

6.2.1　研究假设

外出打工前，长期务农的农民拥有的资源主要以"血缘和地缘"部分为主；进城后，为了适应新环境下生存和发展的需要，促使其在城市不断建立以业缘和友缘为主的新型社会关系网络，获取社会资本的范围得到拓展，网络规模变大。随着业缘和友缘为主的新型关系的形成，务工农民的社会资本中资源丰富且异质性较强的弱关系比例提升（朱红根，2012），网络密度变小；高社会阶层群体嵌入在务工农民社会关系网络的概率变大，网络资源整体质量变高。由此提出研究假设 6 - 1：

假设 6 - 1：非农工作经历能够通过社会信任、社会规范、社团参与等途径拓宽农民的社会网络，增加社会资本。

从农民社会资本的获取和功能来看，按照"弱关系强度假设"原则来搭建结构跨越桥梁，获得差异性资源和有效的非重复性市场信息，能带来更为有效的社会资本。对于农民群体而言，打工经历①是搭建结构跨越桥梁的重要方式与渠道,它突破了农民传统的社会交往场所,带来了跨越结构边界的社会网络。由此提出研究假设6-2:

假设6-2:有非农工作经历的农民比没有非农工作经历的农民消费更多的家用小汽车。

6.2.2 研究方法

经过对现有影响农民耐用品消费因素的实证研究文献进行梳理,发现学者们主要运用四类计量分析方法:普通最小二乘法(OLS)的多元线性回归分析、二元选择模型分析、有序数据的多元离散选择模型分析以及普通的多元离散选择模型分析。本章把农民享受型耐用品消费,即对家用小汽车的消费决策理解成一个二向性问题,即因变量为非此即彼的二元变量。故可将"农民享受型耐用品消费"设置为虚拟变量,令购买了家用小汽车的样本取值为"1",没有购买家用小汽车的样本取值为"0"。Logit模型是分析二向性选择问题的常用工具,其理论基础为二元选择理论。模型函数为概率分布函数,具体表述如下:

$$p_i = F(C_i) = F(\alpha + \beta D_i + \mu) = \frac{1}{1 + e^{-C_i}} = \frac{1}{1 + e^{-(\alpha + \beta D_i)}} . \quad (6-1)$$

式(6-1)中,$C_i = \alpha + \beta D_i + \mu$,$e$表示自然对数的底。估计式为:

$$\ln \frac{p_i}{1 - p_i} = C_i = \alpha + \beta D_i + \mu. \quad (6-2)$$

---

① 如无特殊说明,本研究中的"打工经历""外出务工经历"等同于"非农工作经历"。

式（6-1）、式（6-2）中，p_i 为农民购买耐用品的概率，β 为待估计参数，D_i 为解释变量向量，μ 为误差项。

本章中农户对是否外出打工的决定，不可能以完全随机的方式来决定。每一个农户都会综合考虑自身的情况、政策导向、务农收入水平等因素来决定是否外出打工。此时，无论抽样过程是如何客观随机，都会因为样本的自选择行为产生选择性样本问题，若不修正，就会导致样本选择偏差。本章使用赫克曼修正法分三步修正样本选择性偏差。

第一步，建立农民打工选择模型并进行 Probit 回归。对农民打工与否的概率进行估计，其原理是效用最大化原则。建立的农民打工选择模型如下：

$$JE_i^* = \alpha' Z_i + u_i \ (JE_i^* > 0, \ JE_i = 1; \ JE_i^* \leqslant 0, \ JE_i = 0). \quad (6-3)$$

模型（6-3）中，Z_i 是影响农民是否选择打工的各种因素，α' 是各种影响因素的相关系数。JE_i^* 是农民打工与不打工的效用差，u_i 是误差项。因此，当 $JE_i^* > 0$ 时，农民会选择打工的概率为 $P(JE_i = 1) = 1 - \Phi(-\alpha' Z_i)$；当 $JE_i^* \leqslant 0$ 时，农民会选择不打工的概率为 $P(JE_i = 0) = \Phi(-\alpha' Z_i)$。

第二步，计算 IMR，首先构建农民没有打工与参加打工两种情况下的享受型耐用品（家用小汽车）消费模型：

$$CAR_{0i} = \beta_0' X_i + \varepsilon_{0i} \ (JE_i = 0), \quad (6-4)$$

$$CAR_{1i} = \beta_1' X_i + \varepsilon_{1i} \ (JE_i = 1). \quad (6-5)$$

模型（6-4）和模型（6-5）中，CAR_{0i}、CAR_{1i} 分别为没有非农工作经历与有非农工作经历的农民享受型耐用品消费情况（购买为 1，没有购买为 0），本章以家用小汽车耐用品消费为例。X_i 是影响农民家用小汽车消费的各种因素，β' 为其系数；ε_{0i}、ε_{1i} 分别是它们的随机干扰项。通过计算 ε_{0i}、ε_{1i} 的条件期望值确认模型（6 - 4）、模型（6 - 5）的回归方程是否满足随机干扰项均值为零的传统回归假设。计算方法如下：

$$E(\varepsilon_{0i}/JE = 0) = E(\varepsilon_{0i}/u \leqslant -\alpha'Z_i) = -\sigma_{0u}[\varphi(-\alpha'Z_i)$$
$$/\Phi(-\alpha'Z_i)] = \sigma_{0u}\lambda_{0i}, \qquad (6 - 6)$$

$$E(\varepsilon_{1i}/JE = 1) = E(\varepsilon_{1i}/u > -\alpha'Z_i) = \sigma_{1u}\{\varphi(-\alpha'Z_i)$$
$$/[1 - \Phi(-\alpha'Z_i)]\} = \sigma_{1u}\lambda_{1i}. \qquad (6 - 7)$$

式（6 - 6）、式（6 - 7）中，φ 是标准正态密度函数，Φ 是标准正态分布函数，σ_{0u}、σ_{1u} 是 ε_{0i}、ε_{1i} 分别与 u_i 的协方差；λ_{0i}、λ_{1i} 均是 IMR。由上面计算公式显然可得：

$$\lambda_{0i} = -[\varphi(-\alpha'Z_i)/\Phi(-\alpha'Z_i)],$$
$$\lambda_{1i} = \varphi(-\alpha'Z_i)/[1 - \Phi(-\alpha'Z_i)].$$

λ_{0i}、λ_{1i} 可以通过第一步中估计值代入样本数据计算得到。σ_{0u}、σ_{1u} 不为零，则模型（6 - 4）、模型（6 - 5）不满足传统回归假设，因此必须对模型（6 - 4）、模型（6 - 5）进行修正。

第三步，建立农民耐用品消费模型，并将 IMR 作为其中的一个解释变量。由于对已经建立的模型（6 - 4）、模型（6 - 5）的随机干扰项是否满足传统回归假设存在不确定性，可以借助式（6 - 6）、式（6 - 7）对耐用品消费模型（6 - 4）、模型（6 - 5）的随机干扰项进行计算结果得到：

$$\varepsilon_{0i} = \beta_{\lambda 0}\lambda_{0i} + w_{0i} \quad \varepsilon_{1i} = \beta_{\lambda 1}\lambda_{1i} + w_{1i}.$$

式中，$\beta_{\lambda 0}$ 是 σ_{0u} 的估计值，$\beta_{\lambda 1}$ 是 σ_{1u} 的估计值；w_{0i}、w_{1i} 是均值为零的随机干扰项。因此将上述 ε_{0i}、ε_{1i} 等式代入模型（6 - 4）、模型

（6－5）得到修正的耐用品消费模型为：

$$CAR_{0i} = \beta_0' X_i + \beta_{\lambda 0} \lambda_{0i} + w_{0i}(JE_i = 0), \qquad (6-8)$$

$$CAR_{1i} = \beta_1' X_i + \beta_{\lambda 1} \lambda_{1i} + w_{1i}(JE_i = 1). \qquad (6-9)$$

6.3　数据来源与指标说明

2013 年中国综合社会调查采取的是多层次分层抽样的方法，对全国 28 个省、自治区、直辖市的 11400 多户家庭进行了调查，包含中国农户家庭的基本信息、参与非农工作、社会信任、社会规范、社会参与以及家用小汽车享受型耐用品消费等与本章密切相关的信息。根据问卷村委会、居委会筛选农村区域，删除不知道、不适用等残缺值样本后最终得到 4405 份考察样本，其中有非农工作经历的农户有 923 个，占比 20.95%，没有非农工作经历的农户有 3482 个，占比 79.05%。考察样本涵盖了全国 28 个省、自治区、直辖市（除海南、新疆、西藏），其中东部地区有 10 个省、自治区、直辖市共 864 个样本，中部地区有 8 个省、自治区、直辖市共 1928 个样本，西部地区有 10 个省、自治区、直辖市共 1613 个样本。

自变量非农工作经历根据问卷的 "A58 您工作经历及状况是" 的回答予以设定：目前从事非农工作 =1，其他 =0（此处考虑到非农工作经历对社会资本及家用小汽车消费的影响顺序，并假定 "目前从事非农工作经历" 延续到家小汽车用购买前）。根据 2013 年中国综合社会调查问卷的问题设计特点，社会资本的测量分社会信任、社会规范、社会参与三个维度，根据问卷 A33、A34 问题的回答项测量社会信任；A31a、A31b 问题的回答项测量社会规范；A44、A6、B22 问题的回答项测量社会参与变量。选定家庭年收入、家庭规模、经济状况、健康、教育、年龄、性别、赡养老人情况作为家庭和个人特征的控制变量。因变量"农民享受型耐用品消费"通过问题项"A66"农民是否拥有家用小汽车的情况设定二元变量予以测量（拥有家用小汽车赋值为 1，没有/不适用赋值为 0）。各项指标的选取、描述及定义见表 6 – 1。

表 6 – 1 各项指标的描述和定义

名称	符号	描述	定义
家用小汽车	*CAR*	您家是否拥有家用小汽车	是 = 1，否 = 0
非农工作经历	*JE*	您工作经历及状况是	目前从事非农工作 = 1，其他 = 0
社会信任	*ST*	在这个社会上，绝大多数人都是可以信任的	非常不同意 = 1，比较不同意 = 2
		您一不小心，别人就会想办法占您便宜	非常不同意 = 1……非常同意 = 5，数字反向相加
社会规范	*SR*	请问您与邻居进行社交娱乐活动的频繁程度	几乎每天 = 1，一周 1 – 2 次 = 2
		请问您与其他朋友进行社交娱乐活动的频繁程度	非常多 = 1……从来不 = 7，数字反向赋值
社会参与	*SP*	上次居委会/村委会选举，您是否参与投票	是 = 1，否 = 0
		您参加宗教活动的频繁程度是	从来没有 = 1……一周几次 = 9
		您是否参加民间环保团体举办的环保活动	从不 = 1，偶尔 = 2，经常 = 3

名称	符号	描述	定义
家庭年收入	*HI*	您家 2012 年全年家庭总收入是多少	具体数字（万元）
家庭规模	*HS*	您家目前住在一起的通常有几个人	具体数字
经济状况	*EC*	您家的家庭经济状况在所在地属于哪一档	远低于平均水平 = 1，低于平均水平 = 2……远高于平均水平 = 5
健康程度	*HC*	您觉得您目前的身体健康状况是	很不健康 = 1，比较不健康 = 2……很健康 = 5
教育	*EDU*	您目前的受教育年限是（包括目前在读的）	没有 = 0，小学 = 6……研究生及以上 = 19
年龄	*AGE*	您的出生年份	2013 - 出生年份
性别	*GEN*	性别	男 = 1，女 = 0
赡养老人情况	*P*	您目前是否赡养老人	是 = 1，否 = 0

6.4 实证分析结果与讨论

6.4.1 描述性统计分析

根据所属东、中、西部区域对样本农民进行分类，然后按是否具有非农工作经历直观比较两类农民的家用小汽车消费情况。由表 6 - 2 可知，首先，从全国范围来看，有非农工作经历农民的家用小汽车消费数量高于没有非农工作经历的农民家用小汽车消费数量。有非农工作经历农民的家用小汽车拥有量为每万人 1614 辆，是没有非农工作经历的农民家用小汽车拥有量的 2.7 倍。其次，从区域范围来看，所有地区有非农工作经历农民的家用小汽车消费数量皆高于没有非农工作经历的农民家用小汽车消费数量。西部地区的差异最小，有非农工作经历农民的家用小汽车拥有量比没有非农工作经历农民家用小汽车拥有量多 659 辆（每万人）；东部地区次之，有非农工作经历农民的家用小汽车拥有量比没有非农工作经历农民家用小汽车拥有量多 798 辆（每万人）；中部地区差距最大，有非农工作经历农民的家用小汽车拥有量比没有非农工作经历农民家用小汽车拥有量多 1226 辆（每万人）。

表 6 – 2   非农工作经历对全国及东、中、西部地区农民家用

小汽车消费影响的描述性统计

类别	全国		东部地区		中部地区		西部地区	
	有	没有	有	没有	有	没有	有	没有
家用小汽车消费（辆）	0.1614	0.0600	0.1889	0.1091	0.1677	0.0451	0.1241	0.0582

注：以上结果是基于 2013 年中国综合社会调查数据的统计分析所得；全国共计 4405 个样本，其中东部地区 864 个样本，中部地区 1928 个样本，西部地区 1613 个样本。

总之，按全国和东、中、西部地区划分，根据农民是否具有非农工作经历分成两类，其家用小汽车（享受型）耐用品消费分布具有明显差异，有非农工作经历的农民家用小汽车拥有量高于没有非农工作经历的农民家用小汽车拥有量；从区域差距看，农民家用小汽车拥有量在西部地区差距最小，东部地区次之，中部地区差距最大。

6.4.2 实证模型分析结果

模型的回归结果如表6-3～表6-6所示，模型整体在1%的显著性水平下通过了F检验，据此可得到如下结论。

表6-3　　　　　　全国农民非农工作经历对家用小汽车
消费影响的 Logit 回归结果

解释变量	家用小汽车				
	(1)	(2)	(3)	(4)	(5)
JE	0.5833 ***		0.4981	1.0220 ***	0.6145 **
	(4.30)		(1.17)	(3.25)	(2.46)
ST	0.0175	0.0631		0.0191	0.0176
	(0.45)	(1.43)		(0.49)	(0.45)
SR	-0.0152	-0.0059	-0.0153		-0.0151
	(-0.79)	(-0.25)	(-0.79)		(-0.79)
SP	0.0147	0.0150	0.0147	0.0156	
	(0.40)	(0.34)	(0.40)	(0.43)	
HI	0.1060 ***	0.1062 ***	0.1061 ***	0.1066 ***	0.1062 ***
	(6.99)	(7.01)	(7.00)	(7.01)	(7.01)
HS	0.2829 ***	0.2839 ***	0.2833 ***	0.2837 ***	0.2839 ***
	(7.56)	(7.58)	(7.58)	(7.58)	(7.60)
EC	0.9958 ***	0.9887 ***	0.9926 ***	0.9911 ***	0.9965 ***
	(9.35)	(9.28)	(9.31)	(9.35)	(9.36)
HC	-0.0509	-0.0480	-0.0517	-0.0506	-0.0522
	(-0.81)	(-0.76)	(-0.82)	(-0.81)	(-0.83)

续表

解释变量	家用小汽车				
	（1）	（2）	（3）	（4）	（5）
EDU	0.0575*** (3.01)	0.0575*** (3.00)	0.0575*** (3.01)	0.0579*** (3.03)	0.0571*** (2.99)
AGE	−0.0019 (−0.09)	−0.0028 (−0.13)	−0.0019 (−0.09)	−0.0027 (−0.13)	−0.0014 (−0.07)
AGE^2	0.0000 (0.10)	0.0000 (0.14)	0.0000 (0.09)	0.0000 (0.14)	0.0000 (0.08)
GEN	0.0512 (0.40)	0.0610 (0.48)	0.0520 (0.41)	0.0528 (0.42)	0.0506 (0.40)
P	0.1335 (0.58)	0.1333 (0.57)	0.1257 (0.54)	0.1424 (0.61)	0.1381 (0.60)
$JE \times ST$		0.1215** (2.26)	0.0133 (0.21)		
$JE \times SR$		−0.0244 (−0.72)		−0.0479 (−1.50)	
$JE \times SP$		0.0005 (0.01)			0.0094 (0.14)
cons	−6.8839*** (−9.45)	−6.6529*** (−9.05)	−6.9787*** (−10.04)	−6.9994*** (−9.69)	−6.8490*** (−9.48)
F 值	417.74***	418.39***	417.58***	419.34***	417.60***

注：***、** 分别表示变量系数通过了1%、5% 的显著性检验，以上是基于2013年中国综合社会调查数据的分析。

表 6 – 4   **东部地区农民非农工作经历对家用小汽车**

消费影响的 Logit 回归结果

解释变量	家用小汽车				
	（1）	（2）	（3）	（4）	（5）
JE	0.1792		0.2282	0.1930	0.1668
	（0.68）		（0.86）	（0.73）	（0.63）
ST	0.0917	0.1006		0.0935	0.0948
	（1.27）	（1.39）		（1.29）	（1.31）
SR	− 0.0308	− 0.0330	− 0.0305		− 0.0328
	（− 0.90）	（− 0.96）	（− 0.89）		（− 0.96）
SP	− 0.0162	− 0.0233	− 0.0191	− 0.0189	
	（− 0.23）	（− 0.33）	（− 0.27）	（− 0.27）	
HI	0.1623 ***	0.1680 ***	0.1653 ***	0.1615 ***	0.1607 ***
	（5.58）	（5.71）	（5.57）	（5.51）	（5.53）
HS	0.4383 ***	0.4423 ***	0.4369 ***	0.4423 ***	0.4371 ***
	（5.79）	（5.84）	（5.78）	（5.84）	（5.78）
EC	0.8710 ***	0.8800 ***	0.8764 ***	0.8565 ***	0.8652 ***
	（4.19）	（4.22）	（4.21）	（4.11）	（4.16）
HC	− 0.1392	− 0.1260	− 0.1325	− 0.1476	− 0.1354
	（− 1.13）	（− 1.03）	（− 1.08）	（− 1.20）	（− 1.10）
EDU	0.0727 **	0.0753 **	0.0749 **	0.0721 **	0.0741 **
	（2.02）	（2.09）	（2.08）	（1.99）	（2.07）
AGE	0.0313	0.0353	0.0321	0.0284	0.0297
	（0.68）	（0.76）	（0.70）	（0.62）	（0.65）
AGE^2	− 0.0003	− 0.0003	− 0.0003	− 0.0002	− 0.0002
	（− 0.55）	（− 0.69）	（− 0.55）	（− 0.49）	（− 0.51）
GEN	− 0.4103 *	− 0.3444	− 0.3871	− 0.3954	− 0.4229 *
	（− 1.65）	（− 1.42）	（− 1.55）	（− 1.59）	（− 1.69）

解释变量	家用小汽车				
	（1）	（2）	（3）	（4）	（5）
P	0.2228	0.2679	0.2218	0.1875	0.2339
	(0.49)	(0.59)	(0.49)	(0.41)	(0.51)
JE×ST		−0.0920	−0.0550		
		(−1.60)	(−1.19)		
JE×SR		0.0105		0.0014	
		(0.30)		(0.05)	
JE×SP		0.0944			0.0511
		(1.37)			(0.82)
cons	−7.7112***	−7.6986***	−6.9512***	−7.8567***	−7.8733***
	(−5.24)	(−5.17)	(−4.92)	(−5.34)	(−5.34)
F 值	154.36***	157.44***	154.14***	153.56***	154.96***

注：***、**、*分别表示变量系数通过了1%、5%、10%的显著性检验，以上是基于2013年中国综合社会调查数据的分析。

表 6 - 5   中部地区农民非农工作经历对家用小汽车

消费影响的 Logit 回归结果

解释变量	家用小汽车				
	（1）	（2）	（3）	（4）	（5）
JE	0.8087***		0.8229***	0.8230***	0.8203***
	(3.62)		(3.68)	(3.68)	(3.66)
ST	−0.1176*	−0.1199*		−0.1176*	−0.1170*
	(−1.78)	(−1.82)		(−1.78)	(−1.76)
SR	−0.0124	−0.0162	−0.0161		−0.0116
	(−0.36)	(−0.47)	(−0.47)		(−0.34)

续表

解释变量	家用小汽车				
	（1）	（2）	（3）	（4）	（5）
SP	-0.0132 （-0.18）	-0.0026 （-0.04）	-0.0123 （-0.17）	-0.0136 （-0.18）	
HI	0.0592*** （3.19）	0.0613*** （3.25）	0.0600*** （3.19）	0.0606*** （3.24）	0.0611*** （3.25）
HS	0.2225*** （3.58）	0.2286*** （3.71）	0.2239*** （3.63）	0.2236*** （3.60）	0.2221*** （3.57）
EC	1.1125*** （6.13）	1.1620*** （6.43）	1.1058*** （6.06）	1.1160*** （6.18）	1.1195*** （6.17）
HC	0.1094 （0.96）	0.1302 （1.15）	0.1085 （0.95）	0.1104 （0.97）	0.1167 （1.02）
EDU	0.0329 （1.02）	0.0491 （1.53）	0.0323 （1.00）	0.0326 （1.01）	0.0318 （0.98）
AGE	-0.0328 （-0.89）	-0.0178 （-0.48）	-0.0310 （-0.84）	-0.0314 （-0.85）	-0.0315 （-0.86）
AGE^2	0.0002 （0.63）	0.0000 （0.10）	0.0002 （0.55）	0.0002 （0.60）	0.0002 （0.60）
GEN	0.4490** （2.07）	0.5847*** （2.73）	0.4587** （2.11）	0.4620** （2.12）	0.4645** （2.14）
P	0.8911** （2.55）	0.9379*** （2.72）	0.8488** （2.44）	0.8667** （2.47）	0.8703** （2.48）
$JE \times ST$		-0.0532 （-0.32）	-0.0495 （-0.96）		
$JE \times SR$		-0.0207 （-0.21）		-0.0314 （-0.96）	

续表

解释变量	家用小汽车				
	（1）	（2）	（3）	（4）	（5）
$JE \times SP$		-0.1324			-0.1122
		（-0.54）			（-1.08）
cons	-6.2417***	-6.6423***	-6.9245***	-6.4021***	-6.3498***
	（-5.05）	（-5.37）	（-5.83）	（-5.22）	（-5.17）
F 值	169.71***	158.02***	167.57***	170.58***	170.95***

注：***、**、*分别表示变量系数通过了1%、5%、10%的显著性检验，以上是基于2013年中国综合社会调查数据的分析。

表 6 - 6　　　　　西部地区农民非农工作经历对家用小汽车

消费影响的 Logit 回归结果

解释变量	家用小汽车				
	（1）	（2）	（3）	（4）	（5）
JE	0.3999		0.4879*	0.4734*	0.4981*
	（1.61）		（1.86）	（1.82）	（1.92）
ST	0.0194	0.0182		0.0206	0.0261
	（0.29）	（0.27）		（0.31）	（0.38）
SR	0.0388	0.0361	0.0357		0.0345
	（1.10）	（1.02）	（1.01）		（0.98）
SP	0.0400	0.0502	0.0457	0.0421	
	（0.70）	（0.86）	（0.79）	（0.74）	
HI	0.1290***	0.1334***	0.1316***	0.1297***	0.1329***
	（4.57）	（4.67）	（4.66）	（4.65）	（4.72）
HS	0.2555***	0.2586***	0.2558***	0.2527***	0.2579***
	（3.90）	（3.94）	（3.91）	（3.88）	（3.94）

续表

解释变量	家用小汽车				
	(1)	(2)	(3)	(4)	(5)
EC	1.0497***	1.0683	1.0600***	1.0651***	1.0562***
	(5.89)	(6.00)	(5.93)	(5.99)	(5.93)
HC	-0.1990*	-0.1729*	-0.1998*	-0.1842*	-0.1994*
	(-1.94)	(-1.71)	(-1.95)	(-1.81)	(-1.94)
EDU	0.0602*	0.0619*	0.0590*	0.0618*	0.0537*
	(1.75)	(1.77)	(1.70)	(1.79)	(1.65)
AGE	-0.0005	0.0008	0.0001	0.0016	0.0007
	(-0.01)	(0.02)	(0.00)	(0.05)	(0.02)
AGE^2	0.0000	-0.0000	0.0000	-0.0000	-0.0000
	(0.01)	(-0.09)	(0.01)	(-0.06)	(-0.03)
GEN	0.2282	0.2911	0.2096	0.2160	0.2235
	(1.02)	(1.31)	(0.93)	(0.96)	(1.00)
P	-0.8763*	-0.8519*	-0.8715*	-0.8900*	-0.8882*
	(-1.72)	(-1.68)	(-1.71)	(-1.74)	(-1.74)
$JE \times ST$		0.0504	-0.0732		
		(0.23)	(-0.94)		
$JE \times SR$		0.0542		-0.0554	
		(0.34)		(-0.87)	
$JE \times SP$		-0.2758			-0.1589
		(-0.84)			(-1.12)
cons	-7.3257***	-7.4075***	-7.2356***	-7.1291***	-7.1991***
	(-5.72)	(-5.77)	(-5.99)	(-9.69)	(-9.48)
F 值	125.44***	124.07***	126.33***	125.03***	126.54***

注：***、* 分别表示变量系数通过了 1%、10% 的显著性检验，以上是基于 2013 年中国综合社会调查数据的分析。

第一，非农工作经历能够有效促进农民享受型（家用小汽车）耐用品消费，且在东、中、西部地区具有明显的消费促进差异，即非农工作经历对农民享受型耐用品消费影响在中部地区显著；非农工作经历对农民享受型耐用品消费影响在东部地区不显著。就全国（见表6-3）而言，非农工作经历在1%（两项系数）和5%（一项系数）的显著性水平下正向影响农民对家用小汽车的消费。从中部地区（见表6-5）来看，非农工作经历均在1%的显著性水平下正向影响农民对于家用小汽车的购买；在西部地区（见表6-6），非农工作经历在10%（三项系数）的显著性水平下正向影响农民对于家用小汽车的消费；在东部地区（见表6-4）非农工作经历正向影响农民对于家用小汽车（享受型）的购买，但不显著。总之，非农工作经历在全国和中、西部地区较显著、正向影响农民对于家用小汽车享受型耐用品的消费，在东部地区有正向影响，但不显著，假设6-2得到验证。

第二，相对于社会规范与社会参与而言，社会信任对于农民享受型耐用品消费的促进作用较大。从全国（见表6-3）和东（见表6-4）中（见表6-5）西（见表6-6）部的回归结果看，社会信任变量对农民家用小汽车的回归系数在全国（见表6-3）、东部地区（见表6-4）、西部地区（见表6-6）都是正值，说明社会信任正向影响农民对享受型耐用品消费，在中部地区（见表6-5）都为负值，且通过了10%的显著性水平检验，说明在中部地区社会信任较显著负向影响农民对享受型耐用品的消费；社会规范变量对农民家用小汽车的回归系数在全国（见表6-3）、东部（见表6-4）、中部（见表6-5）地区对农民家用小汽车的回归系数都是负值，说明社会规范对农民享受型耐用品消费存在挤出效应，在西部地区（见表 6 - 6）对农民家用小汽车的回归系数都是正值，说明社会规范正向影响农民对享受型耐用品消费；社会参与变量对农民家用小汽车的回归系数在全国（见表 6 - 3）、西部地区（见表 6 - 6）都是正值，说明社会参与在该地区正向影响农民对享受型耐用品消费，其系数在东部（见表 6 - 4）、中部（见表 6 - 5）地区为负值，说明社会参与在该地区对农民享受型耐用品消费存在挤出效应。

第三，非农工作经历不仅直接影响农民享受型耐用品消费，而且通过社会资本的间接作用影响农民家用小汽车消费。从全国（见表 6 - 3）的非农工作经历与社会资本的交互项回归结果看，社会信任、社会参与交叉项正向影响农民享受型耐用品消费；其中社会信任一项交叉项影响较显著。从各地区的非农工作经历与社会资本的交互项回归结果看，在东部地区（见表 6 - 4），社会规范、社会参与交叉项的系数为正值，表明它对农民享受型耐用品消费具有正向的促进作用，社会信任交叉项两项系数为负值，说明它对农民享受型耐用品消费具有负向作用，存在挤出效应；在中部地区（见表 6 - 5），非农工作经历与社会资本的交互项回归系数皆为负值，说明它对农民享受型耐用品消费具有负向作用，存在挤出效应；在西部地区（见表 6 - 6），非农工作经历与社会资本的交互项回归系数多项（四项）为负值，说明交叉项在该地区负向影响农民享受型的耐用品消费。综合全国（见表 6 - 3）来看，有非农工作经历的农民可以通过社会信任、社会参与拓宽社会网络渠道，进而拥有更多的社会资本，促进其享受型耐用品消费，假设 6 - 1 得到验证。

第四，从家庭控制变量家庭年收入、家庭规模、经济状况来看，无论是在全国（见表6-3）的回归结果中，还是在东部地区（见表6-4）、中部地区（见表6-5）、西部地区（见表6-6）的各区域的回归结果中，家庭控制变量都显著正向影响农民享受型耐用品消费。说明家庭年收入越高、家庭规模越大、经济状况越好的农民越愿意而且有能力进行享受型耐用品的消费。

第五，从个人特征控制变量来看，对全国（见表6-3）的回归结果而言，受教育年限的系数皆为高度显著的正值，说明受教育年限显著正向促进农民享受型耐用品消费；同时身为男性、赡养老人的农民对家用小汽车的消费比女性、未赡养老人的农民对家用小汽车消费多；健康状况对农民家用小汽车的购买存在挤出效应。对东部地区（见表6-4）而言，受教育年限较显著正向促进农民享受型耐用品消费，身为女性、赡养老人的农民对家用小汽车的消费比男性、未赡养老人的农民对家用小汽车消费多；健康状况对农民家用小汽车的购买存在挤出效应。对中部地区（见表6-5）而言，性别、赡养老人情况较显著正向影响农民享受型耐用品消费，说明身为男性、赡养老人的农民对家用小汽车的消费比女性、未赡养老人的农民对家用小汽车消费多；受教育年限、健康状况皆正向影响农民享受型耐用品消费，但不显著。对西部地区（见表6-6）而言，受教育年限在10%显著性水平下正向影响农民享受型耐用品消费，且健康状况、赡养老人情况在10%的显著性水平下负向影响农民享受型耐用品消费；性别正向影响农民享受型耐用品消费，说明身为男性的农民对家用小汽车的消费比女性的农民对家用小汽车消费多，年龄对农民享受型耐用品消费影响不大。

6.5　本章小结与启示

本章基于 2013 年中国综合社会调查数据，实证研究非农工作经历对农民享受型耐用品（家用小汽车）消费的影响，在考虑社会资本的中介作用下，比较全国与东、中、西部地区非农工作经历对农民享受型耐用品消费的影响差异。研究发现：（1）非农工作经历能够有效促进农民享受型耐用品消费，且非农工作经历在东、中、西部地区具有明显的消费促进差异，即非农工作经历对农民享受型耐用品消费影响在中部地区显著，西部地区次之，在东部地区不显著。（2）相对于社会规范与社会参与而言，社会信任对于农民享受型耐用品消费的促进作用更大。（3）非农工作经历不仅直接影响农民享受型耐用品消费，而且通过社会资本的间接作用影响农民享受型耐用品消费。

根据研究结论有如下政策启示：第一，在利用"三去一降一补"解决供给侧结构性改革的时期，要想补齐农民耐用品消费的"短板"就要充分重视社会资本这个重要的资源配置替代机制。政府要有序引导农民打工期间强化个人的社会网络建设，提升社会网络资源质量，助力补齐农民耐用品消费"短板"，为拉动农民消费，扩大内需刺激经济增长贡献力量。第二，针对非农工作经历在全国及东、中、西部地区对农民享受型耐用品消费的影响差异，应因地制宜地加强中部、西部地区农民在打工及社会交往期间的社会关系网络建设，政府要多方位优化服务水平，创造打工农民接触、结识营销、金融、社会团体等相关机构及人群的机会，提高打工农民获取高质量、重要信息的社会网络资源，进而帮助其提升享受型耐用品消费能力。第三，在不断提升打工农民社会资本的同时，应千方百计地增加农民打工的资金资本和人力资本，使得三个"资本"同步提高，不断扩大农民耐用品消费市场份额，提升全国农民的消费结构，实现全面小康社会。

第7章

中国汽车保有量
（小汽车消费）的点预测

7.1 研究缘起与文献回顾

根据中国汽车工业协会（CAIA）的统计数据，2018年汽车产量和销量已分别达到2780.9万辆和2808.1万辆，均超过美国相应数字（1701万辆、1733万辆）。由此可见，中国已成为世界上汽车生产和消费第一大国。近30年来，通用、丰田、福特、本田、大众、奔驰、宝马、雪铁龙等世界著名汽车制造企业与中国本土企业建立了大量的合资企业，生产了大量的汽车。汽车制造业需要在车间建设、设备材料采购、工人培训等方面投入巨大的资金。因此，对我国汽车需求增长的预测对于汽车制造企业和政府制定生产规模和规划发展规划具有重要意义。

目前，有上千种预测方法可用于相关预测。这些方法可分为两类：定性预测和定量预测。后者又可分为两类，即因果关系预测法

（CPM）和时间序列预测法（TSPM）。在因果关系预测法中，因变量（DV）和自变量（IDV）被考虑在内：虽然 DV 是预测目标，只包含一个变量，但 IDV 由影响 DV 趋势变化的因素组成，可以是一个变量，也可以是多变量。通过建立 DV 与其 IDV 之间的函数关系，可以预测 DV。例如，如果我们计划预测 2016 年日本的能源消费（DV），我们首先需要确定对这种消费有影响的方面，如人口规模、产业结构和经济水平（IDV）。因此，通过建立二者之间的数学关系，对 2016 年日本能源消费进行预测。经典的 CPM 主要包括回归分析、输入输出分析和多变量灰色预测模型，如 GM（0，n）、GM（1，n）和 GM（M，n）模型。对于时间序列预测法，只考虑一个变量，通过观察和分析时间序列数据的变化规律，建立预测模型。到目前为止，有很多因果关系预测法，如指数平滑法、神经网络、支持向量机、Markov 模型和单变量灰色预测模型。

关于汽车购买决策行为的研究已有很多。褚玉丽（Chu，2016）利用 Dogit 有序广义极值（DOGEV）模型来识别汽车拥有水平的有序性（零辆车、一辆车、两辆车，以及三辆或三辆以上的汽车），通过允许这些水平紧密相关，并允许家庭的汽车拥有选择受制于或限制于特定的汽车拥有水平。面板数据分析旨在确定不同类型汽车拥有水平变化的预测因素（零到一辆汽车，一到两辆汽车，反之则相反），并证明这些因素在性质上是完全不同的。高阶隐马尔可夫模型（HO－HMM）用于在强时间依赖性下进行决策时拟合纵向数据。消费者购车决策的时机被描述为一个再生的最优停站问题，在这个问题中，代理必须决定最优购车时间。因此，姚明珠等提出了一个两阶段模型，将家庭成员的短期时间分配决策与长期汽车拥有决策联系起来。一些学者利用新的符号回归（NE - SR）模型方程对日本、英国、美国、芬兰、波兰和澳大利亚的乘用车保有量进行了模拟，并对我国到 2060 年的汽车保有量进行了预测。汽车保有量的预测一般考虑宏观因素（如经济和社会特征），而购车决策模型则考虑微观因素（如家庭规模和收入、就业人数或学生人数）。然而，由于预测结果的准确性可能受到汽油价格、道路交通状况、居民消费水平等诸多因素的影响，用因果关系预测法来准确预测我国汽车需求增长是非常困难的。所有这些都涉及高度的复杂性，以及不确定性。因此，目前时间序列预测法主要用于汽车需求预测。灰色预测模型是最重要的 TSPM 模型之一，它在解决小样本和信息贫乏的不确定性问题中非常有用。近 30 年来，灰色预测模型已广泛应用于农业、工业、社会、经济、交通、能源、医疗等各个领域。此外，它还成功地解决了生产、研究和管理中的大量重要问题。随着应用的发展，原有的灰色预测模型 GM（1，1）被发展为许多新的预测模型类型，包括一种新的结构相容性多变量灰色预测模型、GM（1，N）或 GM（0，N）。其他例子包括一元二阶灰色模型 GM（2，1）、一元一阶离散灰色模型 DGM（1，1）、非齐次指数序列一元一阶离散灰色模型、NDGM（1，1）、Verhulst 模型。预测目标也被扩展到不同类型的预测，如序列、间隔、灾变、波形等。

7.2　研究方法简介

长期以来，定量预测方法一直为以大样本数据为基础的数理统计方法所主导。因此，如何解决"小数据、不确定性"系统的分析、预测、决策与控制问题，曾是学术界普遍关心的问题。为此，华中工学院邓聚龙教授在该领域做了一系列开创性的研究工作。他在 1979 年发表了《参数不完全大系统的最小信息镇定》论文，在 1981 年于上海召开的中美控制系统学术会议上，邓聚龙又作了《含未知参数系统的控制问题》的学术报告，并在发言中首次使用"灰色系统"一词，论述了状态通道中含有灰元的控制问题。1982 年 1 月，邓聚龙教授在《系统与控制通讯》（*Systems & Control Letters*）杂志刊载了第一篇灰色系统论文《灰色系统的控制问题》（*The Control Problems of Grey Systems*）；同年，邓聚龙教授在《华中工学院学报》发表了的第一篇中文灰色系统论文《灰色控制系统》。这两篇开创性论文的公开发表，标志着灰色系统理论的诞生。

邓聚龙教授穷其毕生精力从事灰色系统理论的研究、推广和人才培养工作，并取得了一系列重要研究成果。他创办了第一本灰色系统专业期刊《灰色学报》（*Journal of Grey System*，SCI），发表了数百篇灰色系统专业领域的学术论文，培养了数十位灰色系统研究方向的硕博研究生，推动了灰色系统理论的产业化应用与国际化发展。为了表彰邓聚龙教授在系统灰色系统领域的杰出贡献，在 2007 年首届电竞与电子工程师协会（IEEE）灰色系统与智能服务国际会议上，邓聚龙教授荣获灰色系统理论创始人奖；在 2011 年系统与控制世界组织（WOSC）第 15 届年会上，邓聚龙教授当选系统与控制世界组织荣誉院士。

灰色系统理论研究传统数理统计方法难以解决的"小数据、贫信息"不确定性系统的建模问题，具有建模样本需求量小、建模过程简单、建模结果可靠等优点。因此，自灰色系统理论诞生以来，得到了国内外学术界和广大科技工作者的积极关注、充分肯定和大力支持。著名科学家钱学森教授、模糊数学创始人扎德（Zadeh）教授、协同学创始人赫尔曼·哈肯（Herman Haken）、IEEE 总会前学术主席及美国工程院院士詹姆斯·M. 逖恩（James M. Tien）、系统与控制世界组织主席罗伯特·瓦莱（Robert Valee）和秘书长亚历克斯·安德鲁（Alex Andrew）、加拿大皇家科学院院长希佩尔（Hi-pel），中国科学院杨叔子院士、熊有伦院士、林群院士、陈达院士、赵淳生院士、胡海岩院士及中国工程院许国志院士、王众托院士、杨善林院士对灰色系统理论研究给予了高度评价。中国系统工程学会原理事长顾基发教授，中国科学院科技政策与管理科学研究所徐伟宣、李建平研究员等著名学者把灰色系统理论作为管理科学与工程学科领域的新理论和新方法加以肯定。2019 年 9 月，德国总理默克尔在华中科技大学演讲的时候，特别提到了灰色系统理论的创立者邓聚龙教授及刘思峰教授，称他们是华中科大的"杰出校友"和"学界翘楚"。这充分体现了国外政治领袖对中国原创理论的肯定和尊重。

灰色系统理论在许多领域都得到广泛应用，成功地解决了生产、生活和科学研究中的大量实际问题，如农业领域（产量预测、种子优选、作物生长因素分析、病虫害预报与防治、栽培技术优化）、环境领域（环境污染预测、环境发展趋势预测、环境质量评价、环境污染判别）、地质领域（地质规律分析预测、地球资源分析与保护、地质灾害预报）、化工领域（液相色谱因素分析，化学反应因素分析仪、试验结果工艺条件选优）、医药卫生领域（流行病传染病疫情预测、疾病流行趋势分析）、采矿及建筑领域（瓦斯涌出预测、爆破参数优化、地基沉降预测、建筑结构变形预测、混凝土强度分析）、经管理领域（经济规划、工农业经济预测决策、股市期货预测）等。另外，灰色系统理论在教育科学、图书情报、原子能技术、航空航天技术、电子与信息技术等领域的应用也取得了较好的成效。

灰色预测模型以"小数据"不确定性系统为研究对象，这是其与回归分析模型、自回归移动平均模型及 BP 神经网络模型等大样本预测模型的一个重要区别。由于数据量小（最少为 4 个数据），难以寻找系统发展演化的统计规律，灰色预测模型在建模前需要首先对原始序列进行预处理。通过序列累加生成来弱化原始序列的随机性进而挖掘系统变化的一般规律；通过缓冲算子来调节序列变化趋势的陡峭性以解决系统定量预测结果与定性分析结论不相符的问题；通过平滑算子来改善原始序列光滑度以改善灰色预测模型对非光滑序列模拟精度不高的问题。

灰色预测模型对数据量没有严格的要求和限制，同时具有建模过程简单等优点，目前已成为灰色系统理论中研究最活跃、成果最丰硕、应用最广泛的一个重要分支。在现实需求的推动下，灰色预测模型在模型结构、适用范围、参数优化等方面涌现了大量研究成果，促进了灰色预测模型理论体系的发展和完善。

在模型结构方面，灰色预测模型已经从仅适用于近似齐次指数序列建模的 GM（1，1）模型拓展为结构智能可调的自适应灰色预测模型，该模型结构的动态调整实现了建模对象复杂性与模型结构自适应性的有机统一。通过在传统多变量灰色预测模型中引入线性滞后项与灰色作用量项，不仅大大提升了传统 GM（1，N）模型的建模能力，而且在结构上实现了与传统 GM（1，N）模型、GM（0，N）模型、GM（1，1）模型、DGM（1，1）模型等灰色预测模型的完全兼容。

在建模对象方面，灰色预测模型建模对象已经从初期的实数序列，拓展至区间灰数序列、离散灰数序列，直至灰色异构数据序列。建模对象从实数到灰色异构数据的延伸，从本质上提升了传统灰色预测模型的建模能力和应用范围。另外，通过数据变换技术，灰色预测模型对波动序列及振荡序列的建模能力得到改善，有效促进了灰色预测模型与实际应用问题的有效对接。

在参数优化方面，灰色预测模型在初始条件选择、背景值系数优化及累加生成阶数的优化三个方面取得了丰富的研究成果。通过最小二乘法优化灰色预测模型初始条件，通过智能寻优算法优化灰色预测模型背景值系数，有效改善了灰色模型的模拟及预测精度。特别是分数阶灰色预测模型的提出和构建，实现了传统灰色模型阶数从整数到分数的跨越，对探索灰色预测模型内部结构和建模机理，改善灰色预测模型建模能力，丰富和发展灰色预测模型理论体系，起到了重要作用。

本章提出了一种新的结构灰色系统模型 GM（1，1，4）。新模型中背景值的计算过程包括 4 个值，分别为 $x^{(1)}(k)$，$x^{(1)}(k-1)$，$x^{(1)}(k-2)$ 和 $x^{(1)}(k-3)$。与传统灰色模型相比，背景值平滑效果有所提高，极值对模型性能的影响减弱。为了验证新模型的仿真和预测性能，本章将经典 GM（1，1）模型、DGM（1，1）模型和新 GM（1，1，4）模型应用于我国汽车需求的背景下。结果表明，新的 GM（1，1，4）模型是最佳的仿真模型，具有较好的预测性能。

7.3　GM（1，1，4）灰色预测模型构建

定义 7.1 设原始序列 $X^{(0)} = (x^{(0)}(1)，x^{(0)}(2)，\cdots，x^{(0)}(n))$，其中 $x^{(0)}(k) \geqslant 0$，$k = 1，2，\cdots，n$；则称 $X^{(1)} = (x^{(1)}(1)，x^{(1)}(2)，\cdots，x^{(1)}(n))$ 为序列 $X^{(0)}$ 的一次累加生成序列（1 - AGO），其中

$$x^{(1)}(k) = \sum_{i=1}^{k} x^{(0)}(k)，k = 1，2，\cdots，n.$$

在定义 7.1 中，累加生成（AGO）是一种对灰色过程进行白化的方法。在多次应用累积算子后，非负随机序列的随机性降低，且这种序列呈指数增长趋势。一般来说，原始序列越平滑，生成序列中的指数趋势就越清晰。图 7 - 1 显示了非负随机序列与其前一累加生成序列之间的关系。

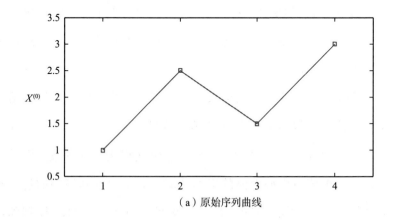

（a）原始序列曲线

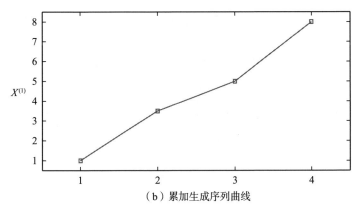

（b）累加生成序列曲线

图 7-1 非负随机序列与一次累加生成序列

因此，逆累积生成算子（IAGO）是累积过程的逆运算，并起到从 AGO 的动作中恢复的作用。具体地，IAGO 定义如下：

$$x^{(0)}(k) = x^{(1)}(k) - x^{(1)}(k-1), \quad k = 4, 5, \cdots, n.$$

定义 7.2 假设原始序列与一次累加生成序列 $X^{(0)}$，$X^{(1)}$ 如定义 7.1 所示，当 $k = 4, 5, \cdots, n$ 时，则

$$x^{(0)}(k) + \frac{1}{4}a(x^{(1)}(k) + x^{(1)}(k-1) + x^{(1)}(k-2) + x^{(1)}(k-3)) = kb + c$$

$$(7-1)$$

是一个单变量、一阶方程、四个背景值的新结构灰色系统模型，用 GM（1，1，4）表示。

定理 7.1 设 $X^{(0)}$ 和 $X^{(1)}$ 如定义 7.1 所示。如果 $\hat{p} = (a, b, c)^T$ 为序列参数，且满足

$$B = \begin{bmatrix} -\frac{1}{4}(x^{(1)}(4) + x^{(1)}(3) + x^{(1)}(2) + x^{(1)}(1)) & 4 & 1 \\ -\frac{1}{4}(x^{(1)}(5) + x^{(1)}(4) + x^{(1)}(3) + x^{(1)}(2)) & 5 & 1 \\ \vdots & \vdots & \vdots \\ -\frac{1}{4}(x^{(1)}(n) + x^{(1)}(n-1) + x^{(1)}(n-2) + x^{(1)}(n-3)) & n & 1 \end{bmatrix},$$

$$Y = \begin{bmatrix} x^{(0)}(4) \\ x^{(0)}(5) \\ \vdots \\ x^{(0)}(n) \end{bmatrix}.$$

则最小二乘法条件下的 GM（1，1，4）模型参数估计应满足：

$$\hat{p} = (a, b, c)^T = (B^T B)^{-1} B^T Y.$$

证明 把数据代入式（7-1），我们可以得到：

$$x^{(0)}(4) = -\frac{1}{4}a(x^{(1)}(4) + x^{(1)}(3) + x^{(1)}(2) + x^{(1)}(1)) + 3b + c,$$

$$x^{(0)}(5) = -\frac{1}{4}a(x^{(1)}(5) + x^{(1)}(4) + x^{(1)}(3) + x^{(1)}(2)) + 4b + c,$$

$$\vdots$$

$$x^{(0)}(k) = -\frac{1}{4}a(x^{(1)}(k) + x^{(1)}(k-1) + x^{(1)}(k-2) + x^{(1)}(k-3)) + kb + c.$$

上述方程的矩阵形式如下：

$$Y = B\hat{p}. \tag{7-2}$$

已知 $\hat{p} = (a, b, c)^T$，当 $k = 4, 5, \cdots, n$ 时，用 $-a(x^{(1)}(k) + x^{(1)}(k-1) + x^{(1)}(k-2) + x^{(1)}(k-3))/4 + kb + c$ 替换 $x^{(0)}(k)$，我们可以得到如下误差项序列：

$$\varepsilon = Y - B\hat{p}. \tag{7-3}$$

考虑到

$$s = \varepsilon^T \varepsilon = [Y - B\hat{p}]^T [Y - B\hat{p}]$$

$$= \sum_{k=2}^{n} \left[x^{(0)}(k) + \frac{1}{4}a(x^{(1)}(k) + x^{(1)}(k-1) + x^{(1)}(k-2) \right.$$
$$\left. + x^{(1)}(k-3)) - kb - c \right]^2,$$

则，使得 s 取最小值的参数 a，b 和 c 应满足如下条件：

$$
\begin{cases}
\dfrac{\partial s}{\partial a} = 2\sum_{k=3}^{n} \left[\frac{1}{4}a(x^{(1)}(k) + x^{(1)}(k-1) + x^{(1)}(k-2) + x^{(1)}(k-3)) \right. \\
\qquad - kb - c \Big] \cdot \frac{1}{4}\left[x^{(1)}(k) + x^{(1)}(k-1) + x^{(1)}(k-2) \right. \\
\qquad + x^{(1)}(k-3) \Big] = 0 \\
\dfrac{\partial s}{\partial b} = -2\sum_{k=3}^{n} \left[\frac{1}{4}a(x^{(1)}(k) + x^{(1)}(k-1) + x^{(1)}(k-2) \right. \\
\qquad + x^{(1)}(k-3)) - kb - c \Big] \cdot k = 0 \\
\dfrac{\partial s}{\partial c} = -2\sum_{k=3}^{n} \left[\frac{1}{4}a(x^{(1)}(k) + x^{(1)}(k-1) + x^{(1)}(k-2) \right. \\
\qquad + x^{(1)}(k-3)) - kb - c \Big] = 0,
\end{cases}
$$

即

$$
\begin{cases}
\sum_{k=3}^{n} \left[\frac{1}{4}a(x^{(1)}(k) + x^{(1)}(k-1) + x^{(1)}(k-2) + x^{(1)}(k-3)) \right. \\
\qquad - kb - c \Big] \cdot \left[x^{(1)}(k) + x^{(1)}(k-1) + x^{(1)}(k-2) \right. \\
\qquad + x^{(1)}(k-3) \Big] = 0 \\
\sum_{k=3}^{n} \left[\frac{1}{4}a(x^{(1)}(k) + x^{(1)}(k-1) + x^{(1)}(k-2) + x^{(1)}(k-3)) \right. \\
\qquad - kb - c \Big] \cdot k = 0 \\
\sum_{k=3}^{n} \left[\frac{1}{4}a(x^{(1)}(k) + x^{(1)}(k-1) + x^{(1)}(k-2) + x^{(1)}(k-3)) \right. \\
\qquad - kb - c \Big] = 0.
\end{cases}
$$

$$(7-4)$$

按照式（7 - 4），

$$B^T \varepsilon = 0 \Rightarrow B^T (Y - B\hat{p}) = 0 \Rightarrow B^T Y - B^T B\hat{p} = 0.$$

即

$$\hat{p} = (B^T B)^{-1} B^T Y,$$

命题得证。

按照定义7.1，

$$\hat{x}^{(0)}(k) = \hat{x}^{(1)}(k) - \hat{x}^{(1)}(k-1), \quad k = 4, 5, \cdots, n.$$

则

$$\hat{x}^{(1)}(k) - \hat{x}^{(1)}(k-1) + \frac{1}{4}a(\hat{x}^{(1)}(k) + \hat{x}^{(1)}(k-1)$$

$$+ \hat{x}^{(1)}(k-2) + \hat{x}^{(1)}(k-3)) = kb + c,$$

即

$$\left(1 + \frac{a}{4}\right)\hat{x}^{(1)}(k) - \left(1 - \frac{a}{4}\right)\hat{x}^{(1)}(k-1) + \frac{a}{4}\hat{x}^{(1)}(k-2)$$

$$+ \frac{a}{4}\hat{x}^{(1)}(k-3) = kb + c. \tag{7-5}$$

整理式（7 - 5），我们得到下式：

$$\hat{x}^{(1)}(k) = \frac{4-a}{4+a}\hat{x}^{(1)}(k-1) - \frac{a}{4+a}\hat{x}^{(1)}(k-2) - \frac{a}{4+a}\hat{x}^{(1)}(k-3)$$

$$+ \frac{4b}{4+a}k + \frac{4c}{4+a}. \tag{7-6}$$

则

$$\hat{x}^{(1)}(k+1) = \frac{4-a}{4+a}\hat{x}^{(1)}(k) - \frac{a}{4+a}\hat{x}^{(1)}(k-1) - \frac{a}{4+a}\hat{x}^{(1)}(k-2)$$

$$+ \frac{4b}{4+a}(k-2) + \frac{4c}{4+a}. \tag{7-7}$$

按照定义 7.1，$\hat{x}^{(0)}(k+1)$ 的最终还原表达式如下：

$$\hat{x}^{(0)}(k+1)=\hat{x}^{(1)}(k+1)-\hat{x}^{(1)}(k)$$

$$=\frac{4-a}{4+a}\hat{x}^{(1)}(k)-\frac{a}{4+a}\hat{x}^{(1)}(k-1)-\frac{a}{4+a}\hat{x}^{(1)}(k-2)$$

$$+\frac{4b}{4+a}(k-2)+\frac{4c}{4+a}-\frac{4-a}{4+a}\hat{x}^{(1)}(k-1)+\frac{a}{4+a}\hat{x}^{(1)}(k-2)$$

$$+\frac{a}{4+a}\hat{x}^{(1)}(k-3)-\frac{4b}{4+a}k-\frac{4c}{4+a}, \qquad (7-8)$$

即

$$\hat{x}^{(0)}(k+1)=\hat{x}^{(1)}(k+1)-\hat{x}^{(1)}(k)=\frac{4-a}{4+a}\hat{x}^{(1)}(k)$$

$$-\frac{4}{4+a}\hat{x}^{(1)}(k-1)+\frac{a}{4+a}\hat{x}^{(1)}(k-3)-\frac{8b}{4+a}. \qquad (7-9)$$

按照式（7-5），当 $k=4$，可得到下式：

$$\hat{x}^{(1)}(4)=\frac{4-a}{4+a}\hat{x}^{(1)}(3)-\frac{a}{4+a}\hat{x}^{(1)}(2)-\frac{a}{4+a}\hat{x}^{(1)}(1)$$

$$+\frac{4b}{4+a}k+\frac{4c}{4+a}, \qquad (7-10)$$

且 $\hat{x}^{(1)}(1)$，$\hat{x}^{(1)}(2)=x^{(1)}(2)$，和 $\hat{x}^{(1)}(3)=x^{(1)}(3)$ 是所构建 GM（1，1，4）模型的已知初始值。

由式（7-8）可知，GM（1，1，4）模型的时间响应函数非常复杂，很难识别其演化过程。尽管如此，建立 GM（1，1，4）模型的主要目的是模拟或预测 $\hat{x}^{(1)}(k)$ 和 $\hat{x}^{(0)}(k)$，而相关的时间响应函数与我们的目的无关。从式（7-10）可以清楚地看出，GM（1，1，4）模型满足递归算法，该算法可以通过递归程序实现。采用附录（附录 3）中的 MATLAB 程序计算 $\hat{x}^{(1)}(k)$ 和 $\hat{x}^{(0)}(k)$，建立 GM（1，1，4）模型。与传统的灰色预测模型相比，后者具有许多优点，有更好的模拟和预测性能。

按照我们的建模机制，图7-2总结了新模型的流程图。

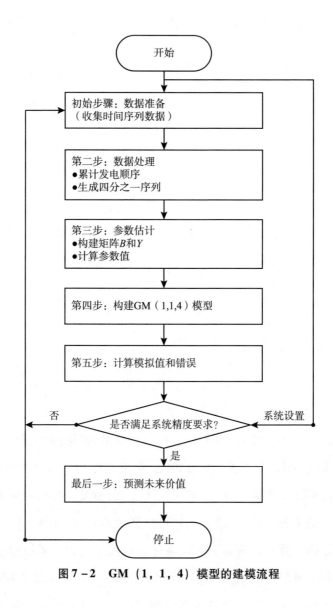

图7-2 GM（1，1，4）模型的建模流程

7.4　中国汽车保有量的点预测——基于 GM（1，1，4）模型

随着我国经济的发展，人民生活水平的提高，汽车市场的开放，近几年来我国的汽车保有量一直在快速增长。同时，在公用事业、能源供应、环境污染等方面也引发了各种矛盾。因此，正确预测我国汽车保有量的增长，对于汽车制造企业和政府制定生产规模和发展规划具有重要意义。为此，本研究应用 GM（1，1，4）模型对汽车保有量进行了模拟和预测。然后，将新模型的仿真和预测性能与一些主要灰色模型进行比较，包括经典 GM（1，1）和 DGM（1，1）模型。自 2005 年我国开始将三轮车辆和低速货车纳入民用汽车保有量统计范围以来，本章选取 2006～2018 年的数据作为研究样本，保持统计覆盖率和预测准确性。表 7-1 显示了 2006～2018 年期间拥有的汽车数量。

表 7-1　　　　　　　　2006～2018 年中国汽车保有量　　　　　单位：万辆

项目	2006 年	2007 年	2008 年	2009 年	2010 年	2011 年	2012 年
保有量	4985	5697	6467	7619	9086	10578	12089

项目	2013 年	2014 年	2015 年	2016 年	2017 年	2018 年	—
保有量	13740.68	15447	17228	19440	21743	24028	—

通过模拟误差和预测误差来评价模型的性能。在本研究中，我们首先考虑 2006～2015 年这段时间来检验 GM（1，1，4）模型的

模拟性能。然后，利用设计的模型对 2016～2018 年的数据进行了预测，并通过预测值与实测值的比较检验了模型的预测精度。只有通过模拟和预测精度的检验，才能对未来数据进行预测。

步骤 7.1 数据处理。

由表 7-1 可知，原始序列 $X^{(0)}$ 如下所示：

$$X^{(0)} = (x^{(0)}(1), x^{(0)}(2), x^{(0)}(3), x^{(0)}(4), x^{(0)}(5),$$
$$x^{(0)}(6), x^{(0)}(7), x^{(0)}(8), x^{(0)}(9), x^{(0)}(10))$$
$$= (4985, 5697, 6467, 7619, 9086, 10578,$$
$$12089, 13740.68, 15447, 17228).$$

根据定义 7.1，原始序列 $X^{(0)}$ 的一次累加序列如下：

$$X^{(1)} = (x^{(1)}(1), x^{(1)}(2), x^{(1)}(3), x^{(1)}(4), x^{(1)}(5),$$
$$x^{(1)}(6), x^{(1)}(7), x^{(1)}(8), x^{(1)}(9), x^{(1)}(10))$$
$$= (4985, 10682, 17149, 24768, 33854, 44432,$$
$$56521, 70261.68, 85708.68, 102936.68).$$

步骤 7.2 参数估计。

根据定理 7.1，B 和 Y 的矩阵表达如下：

$$B = \begin{bmatrix} -0.25(x^{(1)}(4)+x^{(1)}(3)+x^{(1)}(2)+x^{(1)}(1)) & 4 & 1 \\ -0.25(x^{(1)}(5)+x^{(1)}(4)+x^{(1)}(3)+x^{(1)}(2)) & 5 & 1 \\ -0.25(x^{(1)}(6)+x^{(1)}(5)+x^{(1)}(4)+x^{(1)}(3)) & 6 & 1 \\ -0.25(x^{(1)}(7)+x^{(1)}(6)+x^{(1)}(5)+x^{(1)}(4)) & 7 & 1 \\ -0.25(x^{(1)}(8)+x^{(1)}(7)+x^{(1)}(6)+x^{(1)}(5)) & 8 & 1 \\ -0.25(x^{(1)}(9)+x^{(1)}(8)+x^{(1)}(7)+x^{(1)}(6)) & 9 & 1 \\ -0.25(x^{(1)}(10)+x^{(1)}(9)+x^{(1)}(8)+x^{(1)}(7)) & 10 & 1 \end{bmatrix}$$

$$
= \begin{bmatrix}
-14396 & 4 & 1 \\
-21613.25 & 5 & 1 \\
-30050.75 & 6 & 1 \\
-39893.75 & 7 & 1 \\
-51267.17 & 8 & 1 \\
-64230.84 & 9 & 1 \\
-78857.01 & 10 & 1
\end{bmatrix}
$$

且

$$Y = [x^{(0)}(4), x^{(0)}(5), x^{(0)}(6), x^{(0)}(7), x^{(0)}(8), x^{(0)}(9),$$

$$x^{(0)}(10)]^T$$

$$= [24768, 33854, 44432, 56521, 70261.68, 85708.68,$$

$$102936.68]^T.$$

则，参数矩阵 $\hat{p} = [a, b, c]^T$ 可表达如下：

$$\hat{p} = (a, b, c)^T = (B^T B)^{-1} B^T Y = [-0.0467,$$

$$1096.3637, 2575.7432]^T.$$

步骤 7.3　构建 GM（1，1，4）模型。

通过整理式（7-6），可以得到：

$$\hat{x}^{(1)}(k) = 1.023626\hat{x}^{(1)}(k-1) + 0.01181\hat{x}^{(1)}(k-2)$$

$$+ 0.01181\hat{x}^{(1)}(k-3) + 1109.315k + 2606.17,$$

$$k = 4, 5, 6, \cdots \qquad (7-11)$$

且

$$\hat{x}^{(0)}(k) = \hat{x}^{(1)}(k) - \hat{x}^{(1)}(k-1), k = 4, 5, 6, \cdots, \qquad (7-12)$$

在式（7-11）中，$\hat{x}^{(1)}(1)$，$\hat{x}^{(1)}(2) = x^{(1)}(2)$ 和 $\hat{x}^{(1)}(3) = x^{(1)}(3)$ 为 GM（1，1，4）模型的已知初始值。

步骤7.4 计算和比较估计值与误差。

式（7-12）为计算 $\hat{x}^{(0)}(k)$ 的最终还原的表达式。则，可以计算出相对模拟误差 Δ_k 和平均相对模拟百分误差 $\overline{\Delta}$。为了比较 GM（1，1，4）模型的模拟效果，引入了传统的 GM（1，1）模型和经典的 DGM（1，1）模型作为参照对象。三个模型的模拟效果如表7-2所示。$\Delta_k(\%)$ 和 $\overline{\Delta}$ 分别表示了 $\hat{x}^{(0)}(k)$ 的平均相对模拟与预测百分误差（MRSPE）和平均相对预测百分误差（MRPPE）。

表7-2　　　　　　　　　中国汽车保有量的模拟值与误差

序列取值	年份	原始值 $x^{(0)}(k)$	GM（1，1，4）模型		GM（1，1）模型		DGM（1，1）模型	
			模拟值 $\hat{x}^{(0)}(k)$	模拟误差 $\Delta_k(\%)$	模拟值 $\hat{x}^{(0)}(k)$	模拟误差 $\Delta_k(\%)$	模拟值 $\hat{x}^{(0)}(k)$	模拟误差 $\Delta_k(\%)$
$k=4$	2009	7619	7634.2075	0.1996	7828.217	2.746	7846.3730	0.027847
$k=5$	2010	9086	9067.8525	0.1997	8964.968	1.332	8987.1117	0.008886
$k=6$	2011	10578	10558.2986	0.1863	10266.789	2.942	10293.6957	0.025014
$k=7$	2012	12089	12114.7349	0.2129	11757.65	2.741	11790.2365	0.026842
$k=8$	2013	13740.68	13742.5431	0.0136	13465.001	2.006	13504.3506	0.017335
$k=9$	2014	15447	15444.8625	0.0138	15420.281	0.173	15467.6698	0.001476
$k=10$	2015	17228	17225.079	0.0170	17659.491	2.505	17716.4247	0.02852
MRSPE($\overline{\Delta}$)				0.092%		2.064%		1.942%

特别地，

$$\Delta_k = \frac{\left| \hat{x}^{(0)}(k) - x^{(0)}(k) \right|}{x^{(0)}(k)} \times 100\% \quad \text{and} \quad \overline{\Delta} = \frac{1}{n-1} \sum_{k=4}^{n} \Delta_k.$$

步骤7.5 计算和比较预测值和预测误差。

GM（1，1，4）模型、GM（1，1）模型和 DGM（1，1）模型

对中国汽车保有量的预测值和预测误差如表 7 - 3 所示。

表 7 - 3 中国汽车保有量的预测值和预测误差

序列取值	年份	原始数据 $x^{(0)}(k)$	GM（1，1，4）模型		GM（1，1）模型		DGM（1，1）模型	
			预测值 $\hat{x}^{(0)}(k)$	预测误差 $\Delta_k(\%)$	预测值 $\hat{x}^{(0)}(k)$	预测误差 $\Delta_k(\%)$	预测值 $\hat{x}^{(0)}(k)$	预测误差 $\Delta_k(\%)$
$k=11$	2016	19440	19086.76	1.817083	20223.86	4.032209	20292.11	4.383297
$k=12$	2017	21743	21033.63	3.262518	23160.61	6.51984	23242.27	6.895394
$k=13$	2018	24028	23069.59	3.988711	26523.81	10.38708	26621.32	10.79292
MRPPE($\bar{\Delta}$)				3.023%		6.980%		7.360%

GM（1，1，4）模型、GM（1，1）模型和 DGM（1，1）模型的模拟值和预测值的曲线如图 7 - 3 ~ 图 7 - 5 所示。

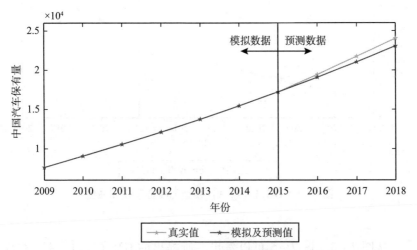

图 7 - 3 GM（1，1，4）模型的模拟与预测曲线

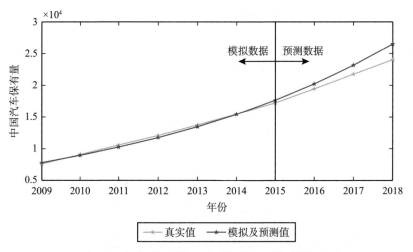

图7-4　经典GM（1，1）模型的模拟与预测曲线

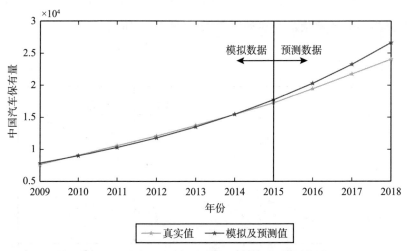

图7-5　DGM（1，1）模型的模拟与预测曲线

从图7-3~图7-5可以看出，所提出的GM（1，1，4）模型的模拟和预测性能是三种模型中最好的，这说明了模型的优化和修正是有效的。

步骤 7.6　预测中国汽车保有量。

在本步骤中，我们使用所提出的 GM（1，1，4）新模型来预测中国汽车保有量的需求。结果见表 7-4。

表 7-4　　　　　　　　　　中国汽车保有量的预测　　　　　　　单位：万辆

项目	2019 年 （$k=14$）	2020 年 （$k=15$）	2021 年 （$k=16$）	2022 年 （$k=17$）	2023 年 （$k=18$）
中国汽车 保有量	25198.72	27425.28	29753.73	32188.73	34735.15

表 7-4 显示，未来 5 年中国汽车保有量将迅速增长。到 2023 年，中国汽车保有量将达到 34735.15 万辆，是 2006 年的近 7 倍。其平均每年的增长率将约为 38.5%。从表 7-4 可以明显看出，2019~2023 年，中国汽车保有量将在 25000 万辆以上快速增长。因此，中国的汽车企业需要扩大生产能力来满足汽车需求的增长。为了保护环境、节能减排，汽车企业应该增加新能源汽车的生产。另一方面，中国政府需要通过加大投资来改善基础设施建设，增加道路、桥梁、充电桩等配套设施的建设，以解决交通拥堵问题。因此，它突出了汽车给人们的工作和生活带来的便利和效率。

7.5　本章小结

为合理预测我国民用汽车保有量，提出了一个单变量、一阶方程、四个背景值的灰色系统模型 GM（1，1，4）。首先推导了后者的时间响应表达式，以及最终的恢复表达式。在此基础上，开发了建立 GM（1，1，4）模型的 MATLAB 程序，对我国汽车保有量进行了模拟和预测。在这方面，我们的结果证实了结构改进的有效性。与传统的灰色预测模型相比，GM（1，1，4）模型具有以下优点：第一，GM（1，1，4）模型将背景值的参数个数由 2 个增加到 4 个，从而提高了背景值的平滑度，减弱了原始序列中极值对模型性能的影响。因此，GM（1，1，4）模型的模拟和预测性能优于传统的灰色预测模型。第二，GM（1，1，4）模型是一个自回归模型，因为 $\hat{w}^{(1)}(k)$ 与 $\hat{w}^{(1)}(k-1)$、$\hat{w}^{(1)}(k-2)$、$\hat{w}^{(1)}(k-3)$（$k=4$，5，…，n）紧邻且密切相关。因此，在计算 $\hat{w}^{(1)}(k)$ 时，$\hat{w}^{(1)}(k-1)$，$\hat{w}^{(1)}(k-2)$ 和 $\hat{w}^{(1)}(k-3)$ 是三个重要的因素；相反地，传统的灰色预测模型在计算 $\hat{w}^{(1)}(k)$ 时，就没有考虑 $\hat{w}^{(1)}(k-1)$ 和 $\hat{w}^{(1)}(k-2)$ 对它的影响。第三，传统的灰色预测模型适合于小数据集的建模。传统灰色预测模型的性能随着数据规模的增大而恶化。由于 GM（1，1，4）模型背景值的平滑度大于传统灰色预测模型，因此四参数背景值提高了灰色模型对大数据的自适应能力，扩大了传统灰色模型的应用范围。第四，利用 GM（1，1，4）模型对未来 5 年中国民用汽车保有量进行预测，结果表明，未来 5 年中国民用汽车保有量将快速增长。2019～2023 年，中国汽车保有量将在 25000 万辆以上快速增长。2006～2023 年的平均增长率约为 38.5%。

然而，目前对 GM（1，1，4）模型的研究并不全面。对初始值的优化、新模型的病态性分析、模型对象的扩展等问题没有进行讨论。解决这些与 GM（1，1，4）模型有关的问题是我们下一步的工作。

第8章

中国汽车保有量（小汽车消费）的
区间预测

8.1 研究缘起与文献回顾

据中国汽车工业协会公布数据显示，2019 年中国汽车行业在转型升级过程中，受中美经贸摩擦、环保标准切换、新能源补贴退坡等因素的影响，承受了较大压力。汽车产销量分别为2572.1 万辆和2576.9 万辆，同比分别下降 7.5% 和 8.2%，但产销量连续十年蝉联全球第一。随着中国汽车产销量持续增长，汽车保有量也逐年增加，我国汽车保有量占全球比重呈上升趋势。中国从汽车小国逐步成为全球汽车最大的销售市场，汽车保有量正在快速追赶发达国家。汽车生产需要工厂建设、人员培训、设备材料购置等大量资本投入，因此对中国汽车保有量进行科学预测，无论是对汽车生产企业还是政府汽车行业发展规划部门都具有重要的意义。

就目前的预测方法而言，已经有上千种方法，主要分为定性预测和定量预测两个方面。在定量预测方面主要有因果关系预测法、时间序列预测方法。自1982年华中科技大学邓聚龙教授基于控制理论的思想提出灰色系统理论以来，经过近40年的发展，研究成果大量涌现，理论体系不断完善。邓教授所提出的传统GM（1，1）灰色预测模型是灰色预测理论的核心模型，也是处理"小数据，贫信息"不确定性预测问题常用的方法。随着研究的深入和灰色预测理论的不断发展，拓展出了DGM（1，1）、GM（1，N）、GM（0，N）等多种形式的灰色预测模型。

由于建模所需数据量小、建模过程简单、容易学习等优点，传统GM（1，1）灰色预测模型在解决相关预测问题中得到广泛的应用。随着越来越多学者研究的深入，传统GM（1，1）灰色预测模型产生了大量的理论成果，总结起来有以下五个方面：（1）GM（1，1）模型结构优化——实现了模型由齐次指数向非齐次指数、自适应结构的拓展。谢乃明（2009，2015）、曾波（2018）、马新（2019）等学者在这方面做了大量的工作。（2）GM（1，1）模型建模对象的拓展——完成了建模对象由实数向灰数的拓展。刘思峰和杨英杰（2012）、曾波（2020）等学者进行了有益的探索。（3）GM（1，1）模型参数的优化——构建了基本参数、性能参数全面优化的格局。曾波（2021）、马新（2020）、李树良（2020）等学者有最新研究成果发表。（4）GM（1，1）模型与其他模型的组合——发挥了每种模型的优势。如王正新（2017）等将GM（1，1）模型与计量经济模型结合。（5）GM（1，1）模型在阶数与变量数上的拓展——完成单变量到多变量、整数阶到分数阶的转变。孟伟（2015）、吴利丰（2017）等学者在这方面有不少的研究成果。

上述研究成果对丰富和完善以 GM（1，1）模型为代表的灰色预测理论有很重要的价值。但 GM（1，1）模型是基于控制论提出的单变量一阶差分方程，在建模的输入端，它把所有外界不确定性因素影响（灰因）看作是实数灰作用量 b；在建模输出端，得到在各种影响因素和限制条件下系统运行的结果（白果），GM（1，1）模型建模机制如图 8 - 1 所示。从模型结构上讲，GM（1，1）模型缺少自变量，造成模型结构上的不完整；从灰色系统原理上讲，由于系统中不确定、不完全信息的组合情况不同，得到的模拟和预测结果就不一样，应该有多个模拟和预测结果的组合。GM（1，1）模型违背了灰色系统"非唯一解"原理，是因为在 GM（1，1）模型建模过程中把具有"灰数"不确定性的灰作用量 b 简单地当成一个实数，使得 GM（1，1）模型变成了具有确定结构的（有自变量、因变量）一阶时间序列预测模型，所计算得到的模拟和预测结果也就具有了唯一性。值得庆幸的是，曾波（2020）通过区间灰作用量构建 GM（1，1，$\otimes_b$）模型对 GM（1，1）模型进行了完善，在可能度函数为一个点的情况下模拟和预测了中国天然气消费总量。但由灰色理论的"非唯一解"原理可知，可能度函数为线段时更能体现不确定信息带来的影响，更符合灰色理论的"非唯一解"原理。

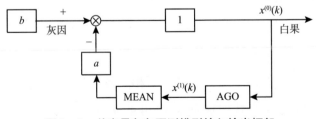

图 8 - 1　单变量灰色预测模型输入输出框架

鉴于此，为了克服传统 GM（1，1）模型把灰作用量实数化导致"解唯一"的弱点，本章在可能度函数为线段的情况下重构区间灰作用量 GM（1，1，$\otimes_b$）模型，并把新模型的模拟与预测结果与 GM（1，1）模型、可能度函数为一点 GM（1，1，$\otimes_b$）模型的模拟与预测结果相比较，阐明可能度函数为线段情况下 GM（1，1，$\otimes_B$）模型的结构合理性与性能的优越性。

8.2 区间灰作用量的含义与作用

8.2.1 灰作用量 b、发展系数 a 的含义

在单变量一阶 GM（1，1）模型中，由于缺少自变量，参数 b 代表了不确定的外界影响因素（灰因），因此称参数 b 为灰作用量；输出变量 $x^{(0)}(k)$ 是白果，如图 8-1 所示，它通过累加生成（弱化随机性）及紧邻均值生成（改善平滑性）来调整灰因参数 b，调整期间生成反应 $x^{(0)}(k)$ 发展整体态势的反馈系数 a，被称为发展系数。目前，绝大多数 GM（1，1）模型的模拟和预测结果都是以实数为研究对象的，计算得到参数值也是唯一的。这就与灰色理论的"非唯一性"原理不相一致，所以，由实数灰作用量 b 拓展到灰数性质的区间灰作用量 b 具有重要的理论和现实意义。

8.2.2　区间灰作用量 b 的含义和作用

在图 8 - 1 中，输入端的灰作用量 b 代表着系统所有不确定信息，理论上在不同的时间点取值应该不一样。也就是说，b_2，b_3，$\cdots$，b_n 是不等的，用数学符号表示为 $b_2 \neq b_3 \neq \cdots \neq b_n$。为了更好地理解，我们先做如下定义和定理：

定义 8.1　设非负序列 $X^{(0)} = (x^{(0)}(1), x^{(0)}(2), \cdots, x^{(0)}(n))$，其中 $x^{(0)}(k) \geqslant 0$，$k = 1, 2, \cdots, n$；则称 $X^{(1)} = (x^{(1)}(1), x^{(1)}(2), \cdots, x^{(1)}(n))$ 为序列 $X^{(0)}$ 的一次累加生成序列 $(1 - \text{AGO})$，其中：

$$x^{(1)}(k) = \sum_{i=1}^{k} x^{(0)}(k), \quad k = 1, 2, \cdots, n, \qquad (8-1)$$

称 $Z^{(1)}$ 为 $X^{(1)}$ 的紧邻均值生成序列，其中：

$$z^{(1)}(k) = 0.5 \times (x^{(1)}(k) + x^{(1)}(k-1)), \quad k = 2, 3, \cdots, n. \qquad (8-2)$$

定义 8.2　设序列 $X^{(0)}$，$X^{(1)}$ 及 $Z^{(1)}$ 如定义 8.1 所示，则称

$$x^{(0)}(k) + az^{(1)}(k) = b \qquad (8-3)$$

为 GM（1，1）模型的基本形式。

定理 8.1　设序列 $X^{(0)}$，$X^{(1)}$ 及 $Z^{(1)}$ 如定义 8.1 所示，$\hat{a} = (a, b)^T$ 为参数列，且

$$Y = \begin{bmatrix} x^{(0)}(2) \\ x^{(0)}(3) \\ \vdots \\ x^{(0)}(n) \end{bmatrix}, \quad B = \begin{bmatrix} -z^{(1)}(2) & 1 \\ -z^{(1)}(3) & 1 \\ \vdots & \vdots \\ -z^{(1)}(n) & 1 \end{bmatrix}. \qquad (8-4)$$

则 GM（1，1）模型 $x^{(0)}(k) + az^{(1)}(k) = b$ 的最小二乘估计参数列满足

$$\hat{a} = (B^T B)^{-1} B^T Y. \qquad (8-5)$$

定义 8.3 设序列 $X^{(0)}$，$X^{(1)}$，$Z^{(1)}$ 及 $\hat{a} = (a, b)^T$ 分别如定义 8.1 及定理 8.1 所述，则称

$$\frac{\mathrm{d}x^{(1)}}{\mathrm{d}t} + ax^{(1)} = b \qquad (8-6)$$

为 GM（1，1）模型 $x^{(0)}(k) + az^{(1)}(k) = b$ 的白化方程，也叫影子方程。

定理 8.2 设 B，Y，$\hat{a}$ 如定理 8.1 所述，则

（1）白化方程 $\frac{\mathrm{d}x^{(1)}}{\mathrm{d}t} + ax^{(1)} = b$ 的解也称时间响应函数为

$$x^{(1)}(t) = \left(x^{(1)}(1) - \frac{b}{a} \right) e^{-at} + \frac{b}{a}. \qquad (8-7)$$

（2）GM（1，1）模型 $x^{(0)}(k) + az^{(1)}(k) = b$ 的时间响应式为

$$\hat{x}^{(1)}(k+1) = \left(x^{(0)}(1) - \frac{b}{a} \right) e^{-ak} + \frac{b}{a}; \quad k = 1, 2, \cdots, n. \qquad (8-8)$$

（3）GM（1，1）模型的最终还原式为

$$\hat{x}^{(0)}(k+1) = \hat{x}^{(1)}(k+1) - \hat{x}^{(1)}(k) = (1 - e^a)\left(x^{(0)}(1) - \frac{b}{a} \right) e^{-ak},$$

$$k = 1, 2, \cdots, n. \qquad (8-9)$$

在式（8-9）中，令

$$A = (1 - e^a)\left(x^{(0)}(1) - \frac{b}{a} \right),$$

则式（8-9）可简化为

$$\hat{x}^{(0)}(k+1) = Ae^{-ak}; \quad k = 1, 2, \cdots, n. \qquad (8-10)$$

在 A 的表达式中，e，a，b，$x^{(1)}(1)$ 均为常数，故 A 也为常数。因此，GM（1，1）模型的最终还原式为一个严格齐次指数函数，故称 GM（1，1）为齐次指数序列灰色预测模型。

通过以上推导过程，由定理 8.1 可知：GM（1，1）模型基本参数 $\hat{a} = (a, b)^T$ 是通过计算 $x^{(0)}(k)$，$k = 2, 3, \cdots, n$. 模拟方差和最小条件下运用最小二乘法估计求得的。也就是说，灰作用量 b 是最小二乘法估计得到的近似值，用来替代 $b_2, b_3, \cdots, b_n$ 所有不同灰作用量作为系统的输入。此时，灰作用量的不同信息被完全忽略了。这也正是 GM（1，1）模型违背灰色理论在不完全信息下非唯一解的原因所在。根据式（8 - 3），当 k 取不同值时，可以相应的计算灰作用量 $b_2, b_3, \cdots, b_n$ 的值。如：

$$k = 2 \rightarrow x^{(0)}(2) + az^{(1)}(2); k = 3 \rightarrow x^{(0)}(3) + az^{(1)}(3) \cdots k$$
$$= n \rightarrow x^{(0)}(n) + az^{(1)}(n). \tag{8 - 11}$$

此时，我们把 GM（1，1）模型灰作用量序列记为 $Q_b = \{b_2, b_3, \cdots, b_n\}$，可以在此序列中得到灰作用量的最大值和最小值，即 $b_{max} = \max\{b_2, b_3, \cdots, b_n\}$ 和 $b_{min} = \min\{b_2, b_3, \cdots, b_n\}$。然后，我们就可以把灰作用量表示为区间灰作用量的形式，记为 $\otimes_B \in [b_{min}, b_{max}]$。至此，区间灰作用量 $\otimes_B$ 能够在满足灰色理论"非唯一解"的前提下更好地覆盖了系统输入端的不确定因素，在完善 GM（1，1）模型结构的同时，随着区间灰作用量 $\otimes_B$ 的取值不同，所得到的 $x^{(0)}(k)$ 的数值也不同。这里会遇到另外一个问题，那就是区间灰作用量 $\otimes_B$ 取不同值的概率是不同的，需要用下一个部分介绍的可能度函数来加以描述。

8.3　可能度函数与灰数的核

在灰色理论中，可能度函数是指一个灰数在其灰域（指灰数可能的取值范围）内取不同数值的可能性大小，或者说是用来描述某一具体数值成为灰数真值的可能性大小，用符号 $f_k(x)$ 表示。灰数的核是指在充分考虑已有信息的条件下，最有可能代表灰数"真值"的实数，用符号 $\widetilde{\otimes}_k$ 表示。对于区间灰作用量 $\otimes_B \in [b_{min}, b_{max}]$ 在其灰域内某点 b_t 所对应的可能度函数 $f_k(b_t)$ 值越大，那么 b_t 成为真值的可能性就越大，意味着 b_t 与 $\widetilde{\otimes}_k$ 越接近。我们用可能度函数与其所覆盖的区间灰数在 x 轴方向所围成封闭几何图形的重心在 x 轴上的映射点代表该区间灰数的"核"。常见的可能度函数有三种：三角形可能度函数、梯形可能度函数、矩形可能度函数。其定义及区间灰数核的计算简要介绍如下：

（1）三角形可能度函数指在区间灰数的取值范围内，只有一个值最有可能成为"真值"（三角形的顶点），对于区间灰作用量 $\otimes_B \in [b_{min}, b_{max}]$ 而言，当可能度函数为三角形时，如图 8－2 所示，区间灰作用量 $\otimes_B$ 在其灰域 $[b_{min}, b_{max}]$ 内，取 $x_G(b_{min} \leqslant x_G \leqslant b_{max})$ 的这个点的可能性最大，核的计算公式为：$\widetilde{\otimes}_k = x_G = (b_{min} + b_{max} + c_k)/3$.

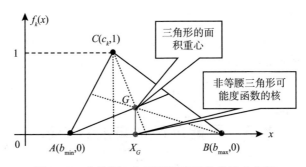

图 8－2　非等腰三角形可能度函数的重心与核

（2）梯形可能度函数描述了区间灰数在其灰域内"某一段值"（梯形的上底）最有可能成为真值，且距离该段"真值"距离越近的数据点成为"真值"的可能性越大。对于区间灰作用量$\otimes_B \in [b_{\min}, b_{\max}]$而言，当可能度函数为梯形时，区间灰作用量$\otimes_B$在其灰域$[b_{\min}, b_{\max}]$内，在$[P_1, P_2]$（$b_{\min} \leqslant P_1 \leqslant P_2 \leqslant b_{\max}$）这个范围内取值的可能性最大，且最可能成为"真值"的核x_G的计算如图8-3所示，化简后核的公式为：

$$\widetilde{\otimes}_k = x_G = \frac{(b_{\max} + b_{\min})(b_{\max} - p_1) + (2b_{\max} - p_1 + b_{\min} + p_2)}{(p_1 + p_2 - b_{\min} - b_{\max})/3}$$

$$\frac{}{(b_{\max} - b_{\min}) + (p_2 - p_1)}.$$

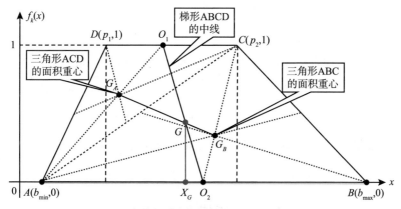

图8-3　非等腰梯形可能度函数的重心与核

（3）矩形可能度函数所描述的区间灰数，表示在灰数上下界范围（灰域）内，取值可能是均等的。也就是说，矩形可能度函数所定义的区间灰数，在其灰域内的每一个点都是等可能成为"真值"。对于区间灰作用量$\otimes_B \in [b_{\min}, b_{\max}]$而言，当可能度函数为矩形时，如图8-4所示，区间灰作用量$\otimes_B$在其灰域$[b_{\min}, b_{\max}]$（$b_{\min} = P_1$；$P_2 = b_{\max}$）

内的任何位置取真值的可能性相等，取值可能性无大小之分，核的计算公式为：$\widetilde{\otimes}_k = x_G = (b_{min} + b_{max})/2.$

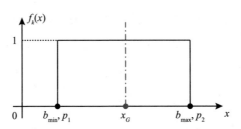

图 8 – 4　矩形可能度函数的重心与核

综上可知，对同一个区间灰数而言，矩形可能度函数所包含的已知信息最少，梯形可能度函数所包含的已知信息居中，三角形可能度函数所包含的已知信息最多。在图 8 – 2 ~ 图 8 – 4 中，三种可能度函数均具有相同的底边（灰数的灰域）和高（取值为"1"），对于相同底边和高的矩形、梯形、三角形来说，矩形面积最大，梯形面积次之，三角形面积最小。由此可知，对于同一区间灰数，其可能度函数面积越小，则该区间灰数所蕴含的已知信息就越多。

8.4　新模型的构建

由式（8–11）可知，当 $k = 2, 3, \cdots, n$ 时，可以相应计算 $Q_b = \{b_2, b_3, \cdots, b_n\}$，按曾波（2020）方法[1]计算所得的 $Q_b =$

① Zeng, B., Ma, X. and Shi, J. Modeling method of the grey GM (1, 1) model with interval grey action quantity and its application [J]. Complexity, 2020: 1 – 10, 6514236.

｛12441. 22，14133. 94，13692. 23，14321. 20，14071. 15，12569. 11｝区
间灰作用量的分布如图 8－5 所示。除开区间灰作用量上界与下界
外，在灰域 ［12569. 11，14133. 94］内取"真值"的概率大，而不
是限定在三角形可能度函数的顶点（这样简单处理也不符合灰色理
论解的"非唯一性"原理）。所以，可能度函数为梯形的新模型更
能体现区间灰作用量取值的真实状况，满足灰色理论"非唯一性"
原理，如图 8－6 所示。

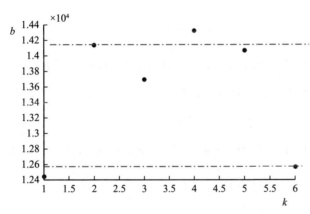

图 8－5 灰作用量散点分布与核所在区域

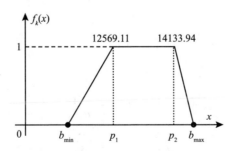

图 8－6 梯形可能度函数的区间灰作用量

定义 8.4 设序列 $X^{(0)}$，$X^{(1)}$，$Z^{(1)}$ 及 a 分别如定义 8.1 及定理 8.1 所述，则 $q = (a，\otimes_B)^T$ 称为序列的灰参数，a 称为发展系数，$\otimes_B \in [b_{\min}，b_{\max}]$ 称为区间灰作用量。

定义 8.5 设序列 $X^{(0)}$，$X^{(1)}$，$Z^{(1)}$ 及 q 分别如定义 8.2 及定义 8.4 所述，则：

$$x^{(0)}(k) + az^{(1)}(k) = \otimes_B \in [b_{\min}，b_{\max}]. \qquad (8-12)$$

式（8-12）称为区间灰作用量 $\otimes_B$ 的 GM（1，1）模型，记为 GM（1，1，$\otimes_B$）且：

$$\frac{\mathrm{d}x^{(1)}}{\mathrm{d}t} + ax^{(1)} = \otimes_B \in [b_{\min}，b_{\max}]. \qquad (8-13)$$

式（8-3）称为式（8-2）的白化方程或影子方程。

定理 8.3 设序列 $X^{(0)}$，$X^{(1)}$，$Z^{(1)}$ 及 q 分别如定义 8.2 及定理 8.2 所述，令 $\widetilde{\otimes}_B = p$，$p_1 \leqslant p \leqslant p_2$，则：

（1）白化方程 $\mathrm{d}x^{(1)}/\mathrm{d}t + ax^{(1)} = \otimes_B \in [b_{\min}，b_{\max}]$ 的解为：

$$x_{\min}^{(1)}(t) = \left(x^{(1)}(1) - \frac{b_{\min}}{a}\right)e^{-at} + \frac{b_{\min}}{a} \qquad (8-14)$$

$$x_{p_1}^{(1)}(t) = \left(x^{(1)}(1) - \frac{b_{p_1}}{a}\right)e^{-at} + \frac{b_{p_1}}{a} \qquad (8-15)$$

$$x_p^{(1)}(t) = \left(x^{(1)}(1) - \frac{b_p}{a}\right)e^{-at} + \frac{b_p}{a} \qquad (8-16)$$

$$x_{p_2}^{(1)}(t) = \left(x^{(1)}(1) - \frac{b_{p_2}}{a}\right)e^{-at} + \frac{b_{p_2}}{a} \qquad (8-17)$$

$$x_{\max}^{(1)}(t) = \left(x^{(1)}(1) - \frac{b_{\max}}{a}\right)e^{-at} + \frac{b_{\max}}{a}. \qquad (8-18)$$

（2） $dx^{(1)}/dt + ax^{(1)} = \otimes_B \in \left[b_{min}, b_{max} \right]$ 的时间响应式为：

$$\hat{x}_{min}^{(1)}(k+1) = \left(x^{(0)}(1) - \frac{b_{min}}{a} \right) e^{-ak} + \frac{b_{min}}{a}, \quad k = 1, 2, \cdots, n$$

$$(8-19)$$

$$\hat{x}_{p_1}^{(1)}(k+1) = \left(x^{(0)}(1) - \frac{b_{p_1}}{a} \right) e^{-ak} + \frac{b_{p_1}}{a}, \quad k = 1, 2, \cdots, n$$

$$(8-20)$$

$$\hat{x}_{p}^{(1)}(k+1) = \left(x^{(0)}(1) - \frac{b_{p}}{a} \right) e^{-ak} + \frac{b_{p}}{a}, \quad k = 1, 2, \cdots, n$$

$$(8-21)$$

$$\hat{x}_{p_2}^{(1)}(k+1) = \left(x^{(0)}(1) - \frac{b_{p_2}}{a} \right) e^{-ak} + \frac{b_{p_2}}{a}, \quad k = 1, 2, \cdots, n$$

$$(8-22)$$

$$\hat{x}_{max}^{(1)}(k+1) = \left(x^{(0)}(1) - \frac{b_{max}}{a} \right) e^{-ak} + \frac{b_{max}}{a}, \quad k = 1, 2, \cdots, n.$$

$$(8-23)$$

（3） GM $(1, 1, \otimes_B)$ 模型的最终还原式为：

$$\hat{x}_{min}^{(0)}(k+1) = \hat{x}_{min}^{(1)}(k+1) - \hat{x}_{min}^{(1)}(k)$$

$$= (1 - e^a) \left(x^{(0)}(1) - \frac{b_{min}}{a} \right) e^{-ak}, \quad k = 1, 2, \cdots, n$$

$$(8-24)$$

$$\hat{x}_{p_1}^{(0)}(k+1) = \hat{x}_{p_1}^{(1)}(k+1) - \hat{x}_{p_1}^{(1)}(k)$$

$$= (1 - e^a) \left(x^{(0)}(1) - \frac{b_{p_1}}{a} \right) e^{-ak}, \quad k = 1, 2, \cdots, n$$

$$(8-25)$$

$$\hat{x}_p^{(0)}(k+1) = \hat{x}_p^{(1)}(k+1) - \hat{x}_p^{(1)}(k)$$

$$= (1 - e^a)\left(x^{(0)}(1) - \frac{b_p}{a}\right)e^{-ak}, \ k = 1, \ 2, \ \cdots, \ n$$

$$(8-26)$$

$$\hat{x}_{p2}^{(0)}(k+1) = \hat{x}_{p2}^{(1)}(k+1) - \hat{x}_{p2}^{(1)}(k)$$

$$= (1 - e^a)\left(x^{(0)}(1) - \frac{b_{p2}}{a}\right)e^{-ak}, \ k = 1, \ 2, \ \cdots, \ n$$

$$(8-27)$$

$$\hat{x}_{\max}^{(0)}(k+1) = \hat{x}_{\max}^{(1)}(k+1) - \hat{x}_{\max}^{(1)}(k)$$

$$= (1 - e^a)\left(x^{(0)}(1) - \frac{b_{\max}}{a}\right)e^{-ak}, \ k = 1, \ 2, \ \cdots, \ n.$$

$$(8-28)$$

由定理 8.3 所得的方程式可知，GM（1，1，$\otimes_B$）模型的可能度函数为梯形时能更好地体现灰色理论解的"非唯一性"原理和区间灰作用量实际的分布状态。新的 GM（1，1，$\otimes_B$）模型预测和模拟结果具有几个属性：（1）模拟和预测结果是有明显上下界的区间灰数，可以表示为 $\otimes(k) \in [\hat{x}_{\min}^{(0)}(k),$ $\hat{x}_{\max}^{(0)}(k)]$，用区间灰作用量的核 p 点所计算得到的 $\hat{x}_p^{(0)}(k)$ 被认为是最接近"真值"的点。（2）可能度函数为梯形使得新模型模拟与预测结果的灰域缩小了，且"真值"位于该缩小的区间内，既做到了新模型的拓展与传统 GM（1，1）模型的兼容（GM（1，1）模型模拟与预测值是接近"真值"的一个解），又缩小了模拟与预测结果的灰域，使其更加接近于"真值"所在的位置。即 $\otimes(k) \in [\hat{x}_{p1}^{(0)}(k), \ \hat{x}_{p2}^{(0)}(k)]$，且 $\tilde{\otimes}(k) \in$ $[\hat{x}_{p1}^{(0)}(k), \ \hat{x}_{p2}^{(0)}(k)]$，如图 8-7 所示。

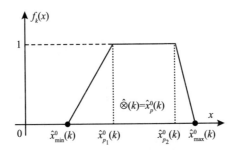

图 8 – 7　GM（1，1，$\otimes_B$）模型对 $\otimes(k)$ 模拟

和预测结果的可能区域

　　GM（1，1，$\otimes_B$）模型的区间灰作用量使得模拟和预测结果都变成了区间灰数，为遵循灰色系统理论解的"非唯一性"原理，梯形可能度函数在扩大区间灰作用量灰域的同时计算所得的灰核更加接近于不确定的、复杂系统因素所赋予模型灰作用量的"真值"；同时，通过 GM（1，1，$\otimes_B$）模型计算所得的模拟与预测结果"真值"所在的灰域缩小了，从而体现了梯形可能度函数条件下 GM（1，1，$\otimes_B$）模型的优越性。

8.5　模型应用与比较分析

　　中国交通堵塞和汽车保有量有着直接的关系。中国汽车保有量受到许多因素的影响，如人均收入水平、消费结构、产业发展、消费心理、社会保障甚至使用成本等，具有不确定性、非线性等特点。而且，汽车的制造需要投入大量人力、物力、财力，中国是汽车生产、消费大国。所以，对中国汽车保有量的科学预测有利于汽车生产企业合理安排生产计划，有利于政府部门制定相关措施避免大量交通拥堵。

按照中国汽车工业协会 2020 年统计数据，中国汽车 2010 ~ 2019 年汽车保有量，如表 8 - 1 所示。为了测试可能度函数为梯形时 GM（1，1，$\otimes_B$）模型的综合性能，有必要将 GM（1，1，$\otimes_B$）模型对中国汽车保有量模拟与预测结果同时进行测试，本章将表 8 - 1 中前 7 个原始数据用来构建 GM（1，1，$\otimes_B$）模型，后面的 3 个数据用来测试模型的预测表现，并把模拟与预测结果与传统 GM（1，1）模型进行比较。

表 8 - 1　　　　　　2010 ~ 2019 年中国汽车保有量　　　　　单位：万辆

年份	2010	2011	2012	2013	2014	2015	2016	2017	2018	2019
汽车保有量	9086	10578	12089	13741	15447	17228	19440	21743	24028	26150

此时，可以得到 GM（1，1，$\otimes_B$）模型建模原始序列如下：

$$X^{(0)} = (x^{(0)}(1), x^{(0)}(2), x^{(0)}(3), x^{(0)}(4), x^{(0)}(5),$$
$$x^{(0)}(6), x^{(0)}(7))$$
$$= (9086, 10578, 12089, 13741, 15447, 17228, 19440).$$

第一步，根据定义 8.1，生成序列 $X^{(1)}$ 和 $Z^{(1)}$ 如下：

$$X^{(1)} = (x^{(1)}(1), x^{(1)}(2), x^{(1)}(3), x^{(1)}(4), x^{(1)}(5),$$
$$x^{(1)}(6), x^{(1)}(7))$$
$$= (9086, 19664, 31753, 45494, 60941, 78169, 97609),$$

$$Z^{(1)} = (z^{(1)}(2), z^{(1)}(3), z^{(1)}(4), z^{(1)}(5), z^{(1)}(6), z^{(1)}(7))$$

$$= (14375, 25708.5, 38623.5, 53217.5, 69555, 87889).$$

第二步，构建矩阵 Y 和 B 计算参数 a 和 b，根据定理 8.1，可以构建矩阵 Y 和 B 如下：

$$Y = \begin{bmatrix} 10578 \\ 12089 \\ 13741 \\ 15447 \\ 17228 \\ 19440 \end{bmatrix}, \quad B = \begin{bmatrix} -14375 \\ -25708.5 \\ -38623.5 \\ -53217.5 \\ -69555 \\ -87889 \end{bmatrix}.$$

然后，计算可得：

$$\hat{a} = (a, b)^T = (B^T B)^{-1} B^T Y = \begin{bmatrix} -0.119 \\ 8999.345 \end{bmatrix}.$$

第三步，计算区间灰作用量 $\otimes_B \in [p_1, p_2] \in [b_{min}, b_{max}]$，根据定义 8.1 和发展系数 a，在已知 $x^{(0)}(k)$，$Z^{(1)}(k)$，$k = 2, 3, \cdots, 7$ 的情况下，可以计算得到 k 点时的灰作用量 b_k，由此可得到灰作用量序列如下：

$$Q_b = \{b_2, b_3, \cdots, b_n\} = \{8867.38, 9029.69, 9144.80,$$

$$9114.18, 8950.96, 8981.21\}.$$

则有 $b_{min} = \min\{b_2, b_3, \cdots, b_n\} = 8867.38$，$b_{max} = \max\{b_2, b_3, \cdots, b_n\} = 9144.80$，由于区间灰数取两端极值的概率非常小，灰作用量多数取值 $\otimes_B \in [p_1, p_2] \in [8950.96, 9114.18]$，符合可能度函数为梯形的概率分布，如图 8 - 8 所示。

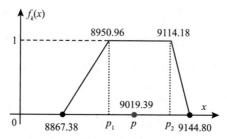

图 8 - 8 梯形可能度函数及其核

根据公式：

$$\tilde{\otimes}_B = p = \frac{(b_{\max} + b_{\min})(b_{\max} - p_1) + (2b_{\max} - p_1 + b_{\min} + p_2)}{\dfrac{(p_1 + p_2 - b_{\min} - b_{\max})/3}{(b_{\max} - b_{\min}) + (p_2 - p_1)}}$$

$$= \frac{(18012.18)(193.84) + (27350.2)(52.96)/3}{(277.42) + (163.22)}$$

$$= \frac{3491480.97 + 482822.20}{440.64}$$

$$= 9019.39.$$

第四步，计算模拟和预测数据 $\hat{x}_{\min}^{(0)}(k)$，$\hat{x}_{p_1}^{(0)}(k)$，$\hat{x}_P^{(0)}(k)$，$\hat{x}_{p_2}^{(0)}(k)$，$\hat{x}_{\max}^{(0)}(k)$。根据定理 8.3 和 $q = (a, \otimes_B)^T$，当 $k = 2$，3，4，5，6，7 时，可计算 $\hat{x}_{\min}^{(0)}(k)$，$\hat{x}_{p_1}^{(0)}(k)$，$\hat{x}_P^{(0)}(k)$，$\hat{x}_{p_2}^{(0)}(k)$，$\hat{x}_{\max}^{(0)}(k)$ 的值如下：

$\hat{x}_{\min}^{(0)}(2) = 10564.75$，$\hat{x}_{\min}^{(0)}(3) = 11899.82$，$\hat{x}_{\min}^{(0)}(4) = 13403.60$，

$\hat{x}_{\min}^{(0)}(5) = 15097.41$，$\hat{x}_{\min}^{(0)}(6) = 17005.27$，$\hat{x}_{\min}^{(0)}(7) = 19154.22$；

$\hat{x}_{p_1}^{(0)}(2) = 10653.51$，$\hat{x}_{p_1}^{(0)}(3) = 11999.79$，$\hat{x}_{p_1}^{(0)}(4) = 13516.20$，

$\hat{x}_{p_1}^{(0)}(5) = 15224.25$，$\hat{x}_{p_1}^{(0)}(6) = 17148.13$，$\hat{x}_{p_1}^{(0)}(7) = 19315.14$；

$\hat{x}_{p}^{(0)}(2) = 10726.17$，$\hat{x}_{p}^{(0)}(3) = 12081.64$，$\hat{x}_{p}^{(0)}(4) = 13608.40$，

$\hat{x}_{p}^{(0)}(5) = 15328.09$，$\hat{x}_{p}^{(0)}(6) = 17265.10$，$\hat{x}_{p}^{(0)}(7) = 19446.89$；

$\hat{x}_{p2}^{(0)}(2) = 10826.84$，$\hat{x}_{p2}^{(0)}(3) = 12195.02$，$\hat{x}_{p2}^{(0)}(4) = 13736.11$，

$\hat{x}_{p2}^{(0)}(5) = 15470.94$，$\hat{x}_{p2}^{(0)}(6) = 17427.13$，$\hat{x}_{p2}^{(0)}(7) = 19629.39$；

$\hat{x}_{\max}^{(0)}(2) = 10859.35$，$\hat{x}_{\max}^{(0)}(3) = 12231.65$，$\hat{x}_{\max}^{(0)}(4) = 13777.36$；

$\hat{x}_{\max}^{(0)}(5) = 15518.41$，$\hat{x}_{\max}^{(0)}(6) = 17479.42$，$\hat{x}_{\max}^{(0)}(7) = 19688.34$.

则

$\otimes(2) \in [10653.51,\ 10826.84]$，$\hat{x}_p^{(0)}(2) = \tilde{\otimes}(2) = 10726.17$；

$\otimes(3) \in [11999.79,\ 12195.02]$，$\hat{x}_p^{(0)}(3) = \tilde{\otimes}(3) = 12081.64$；

$\otimes(4) \in [13516.20,\ 13736.11]$，$\hat{x}_p^{(0)}(4) = \tilde{\otimes}(4) = 13608.40$；

$\otimes(5) \in [15224.25,\ 15471.94]$，$\hat{x}_p^{(0)}(5) = \tilde{\otimes}(5) = 15328.09$；

$\otimes(6) \in [17148.13,\ 17427.13]$，$\hat{x}_p^{(0)}(6) = \tilde{\otimes}(6) = 17265.10$；

$\otimes(7) \in [19315.14,\ 19629.39]$，$\hat{x}_p^{(0)}(7) = \tilde{\otimes}(7) = 19446.89$.

同样地，当 $k = 8$，9，10 时，可计算 $\hat{x}_{\min}^{(0)}(k)$，$\hat{x}_{p_1}^{(0)}(k)$，$\hat{x}_p^{(0)}(k)$，$\hat{x}_{p2}^{(0)}(k)$，$\hat{x}_{\max}^{(0)}(k)$ 的值如下：

$\hat{x}_{\min}^{(0)}(8) = 21574.74$，$\hat{x}_{\min}^{(0)}(9) = 24301.14$，$\hat{x}_{\min}^{(0)}(10) = 27372.07$；

$\hat{x}_{p_1}^{(0)}(8) = 21755.99$，$\hat{x}_{p_1}^{(0)}(9) = 24505.30$，$\hat{x}_{p_1}^{(0)}(10) = 27602.03$；

$\hat{x}_p^{(0)}(8) = 21904.39$，$\hat{x}_p^{(0)}(9) = 24672.45$，$\hat{x}_p^{(0)}(10) = 27790.30$；

$\hat{x}_{p2}^{(0)}(8) = 22109.96$，$\hat{x}_{p2}^{(0)}(9) = 24903.99$，$\hat{x}_{p2}^{(0)}(10) = 28051.10$；

$\hat{x}_{\max}^{(0)}(8) = 22176.36$，$\hat{x}_{\max}^{(0)}(9) = 24978.78$，$\hat{x}_{\max}^{(0)}(10) = 28135.35$.

$\otimes(8) \in [21755.99,\ 22109.96]$，$\hat{x}_p^{(0)}(8) = \tilde{\otimes}(8) = 21904.39$；

$\otimes(9) \in [24505.30,\ 24903.99]$，$\hat{x}_p^{(0)}(9) = \tilde{\otimes}(9) = 24672.45$；

$\otimes(10) \in [27602.03,\ 28051.10]$，$\hat{x}_p^{(0)}(10) = \tilde{\otimes}(10) = 27790.3$.

第五步，模拟和预测数据的性能及合理性分析。根据以上计算的结果，可以绘制原始数据与各种模拟与预测数据曲线，如图 8 - 9 所示。

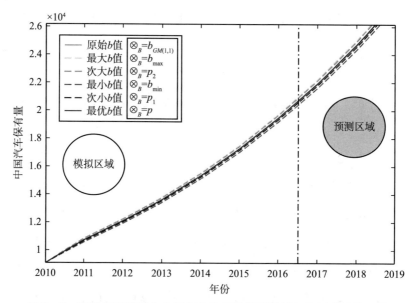

图 8 - 9　原始数据模型与各区间灰作用量模型模拟与预测曲线的比较

如图 8 - 9 所示，参数 b 由实数拓展为灰数，在可能度函数为梯形的情况下，新模型 GM（1，1，$\otimes_B$）有以下性能和优势：

（1）新模型的兼容性好，传统的 GM（1，1）模型（$\otimes_B = b_{GM(1,1)}$）包含于新模型 GM（1，1，$\otimes_B$）中，属于新模型的一个特例，说明新模型与传统模型是兼容的。

（2）新模型的解释范围广，能够较好地刻画原始序列的波动属性，区间灰作用量 $\otimes_B$ 更好地解释了不确定、复杂的外界信息对系统的影响，通过确定灰作用量的取值边界，比传统的 GM（1，1）模型解释范围有所扩大。

（3）新模型的合理性强，充分利用了每一时点的灰作用量 $\otimes_B$ 的值，在剔除区间灰作用量 $\otimes_B$ 边界值影响的情况下，既保证了决策者不按照传统的 GM（1，1）模型实数解做决策，又缩小了研究

目标的取值范围 $\otimes_B \in [p_1, p_2]$，从而使得决策更加合理可靠。

（4）新模型与灰色原理相符，可能度函数为梯形更符合灰色理论解的"非唯一性"原理，更好地解释不确定的、复杂的外界因素对系统的影响。

8.6　本章小结

在灰色预测理论中，长期以来是以实数为建模对象的。通常把代表诸多不确定性、复杂因素对于系统综合影响的灰作用量 b 当成一个实数，用这个实数来表示所有外界因素对系统发展趋势的影响。对于相同的预测模型，只要参数不变模型就随之固定不变；但是，外界复杂的、不确定性的因素是变化的，所以灰作用量 b 不应该是固定不变的。因此，本章在构建新模型 GM $(1, 1, \otimes_B)$ 时把灰作用量 b 当成区间灰数，从而凸显模型赋予灰作用量 b 的真实含义。另外，按照灰色理论的"非唯一性"原理，考虑到区间灰数 b 在某些区域取值的概率大，而在其他区域取值的概率小，所以选择梯形可能度函数更好地刻画了区间灰作用量 b 的取值分布，并使得新模型的模拟和预测值 $\hat{x}_p^{(0)}(k) \in [\hat{x}_{p_1}^{(0)}(k), \hat{x}_{p_2}^{(0)}(k)]$，即在 $\hat{x}_p^{(0)}(k) \in [\hat{x}_{\min}^{(0)}(k), \hat{x}_{\max}^{(0)}(k)]$ 边界值内进一步缩小了取值范围，更加贴近"真值"。这对汽车生产商和政府决策部门缩小决策盲区、实施精准决策具有重要意义。

附录1 国务院关于开展新型农村社会养老保险试点的指导意见

国发〔2009〕32号

各省、自治区、直辖市人民政府，国务院各部委、各直属机构：

根据党的十七大和十七届三中全会精神，国务院决定，从2009年起开展新型农村社会养老保险（以下简称"新农保"）试点。现就试点工作提出以下指导意见：

一、基本原则

"新农保"工作要高举中国特色社会主义伟大旗帜，以邓小平理论和"三个代表"重要思想为指导，深入贯彻落实科学发展观，按照加快建立覆盖城乡居民的社会保障体系的要求，逐步解决农村居民老有所养问题。"新农保"试点的基本原则是"保基本、广覆盖、有弹性、可持续"。一是从农村实际出发，低水平起步，筹资标准和待遇标准要与经济发展及各方面承受能力相适应；二是个人（家庭）、集体、政府合理分担责任，权利与义务相对应；三是政府主导和农民自愿相结合，引导农村居民普遍参保；四是中央确定基本原则和主要政策，地方制订具体办法，对参保居民实行属地管理。

二、任务目标

探索建立个人缴费、集体补助、政府补贴相结合的"新农保"

制度，实行社会统筹与个人账户相结合，与家庭养老、土地保障、社会救助等其他社会保障政策措施相配套，保障农村居民老年基本生活。2009 年试点覆盖面为全国 10% 的县（市、区、旗），以后逐步扩大试点，在全国普遍实施，2020 年之前基本实现对农村适龄居民的全覆盖。

三、参保范围

年满 16 周岁（不含在校学生）、未参加城镇职工基本养老保险的农村居民，可以在户籍地自愿参加"新农保"。

四、基金筹集

"新农保"基金由个人缴费、集体补助、政府补贴构成。

（一）个人缴费。参加"新农保"的农村居民应当按规定缴纳养老保险费。缴费标准目前设为每年 100 元、200 元、300 元、400 元、500 元 5 个档次，地方可以根据实际情况增设缴费档次。参保人自主选择档次缴费，多缴多得。国家依据农村居民人均纯收入增长等情况适时调整缴费档次。

（二）集体补助。有条件的村集体应当对参保人缴费给予补助，补助标准由村民委员会召开村民会议民主确定。鼓励其他经济组织、社会公益组织、个人为参保人缴费提供资助。

（三）政府补贴。政府对符合领取条件的参保人全额支付"新农保"基础养老金，其中中央财政对中西部地区按中央确定的基础养老金标准给予全额补助，对东部地区给予 50% 的补助。

地方政府应当对参保人缴费给予补贴，补贴标准不低于每人每年 30 元；对选择较高档次标准缴费的，可给予适当鼓励，具体标准和办法由省（区、市）人民政府确定。对农村重度残疾人等缴费困难群体，地方政府为其代缴部分或全部最低标准的养老保险费。

五、建立个人账户

国家为每个"新农保"参保人建立终身记录的养老保险个人账户。个人缴费，集体补助及其他经济组织、社会公益组织、个人对参保人缴费的资助，地方政府对参保人的缴费补贴，全部记入个人账户。个人账户储存额目前每年参考中国人民银行公布的金融机构人民币一年期存款利率计息。

六、养老金待遇

养老金待遇由基础养老金和个人账户养老金组成，支付终身。

中央确定的基础养老金标准为每人每月55元。地方政府可以根据实际情况提高基础养老金标准，对于长期缴费的农村居民，可适当加发基础养老金，提高和加发部分的资金由地方政府支出。

个人账户养老金的月计发标准为个人账户全部储存额除以139（与现行城镇职工基本养老保险个人账户养老金计发系数相同）。参保人死亡，个人账户中的资金余额，除政府补贴外，可以依法继承；政府补贴余额用于继续支付其他参保人的养老金。

七、养老金待遇领取条件

年满60周岁、未享受城镇职工基本养老保险待遇的农村有户籍的老年人，可以按月领取养老金。

"新农保"制度实施时，已年满60周岁、未享受城镇职工基本养老保险待遇的，不用缴费，可以按月领取基础养老金，但其符合参保条件的子女应当参保缴费；距领取年龄不足15年的，应按年缴费，也允许补缴，累计缴费不超过15年；距领取年龄超过15年的，应按年缴费，累计缴费不少于15年。

要引导中青年农民积极参保、长期缴费，长缴多得。具体办法由省（区、市）人民政府规定。

八、待遇调整

国家根据经济发展和物价变动等情况，适时调整全国"新农保"基础养老金的最低标准。

九、基金管理

建立健全"新农保"基金财务会计制度。"新农保"基金纳入社会保障基金财政专户，实行收支两条线管理，单独记账、核算，按有关规定实现保值增值。试点阶段，"新农保"基金暂实行县级管理，随着试点扩大和推开，逐步提高管理层次；有条件的地方也可直接实行省级管理。

十、基金监督

各级人力资源社会保障部门要切实履行"新农保"基金的监管职责，制定完善"新农保"各项业务管理规章制度，规范业务程序，建立健全内控制度和基金稽核制度，对基金的筹集、上解、划拨、发放进行监控和定期检查，并定期披露"新农保"基金筹集和支付信息，做到公开透明，加强社会监督。财政、监察、审计部门按各自职责实施监督，严禁挤占挪用，确保基金安全。试点地区"新农保"经办机构和村民委员会每年在行政村范围内对村内参保人缴费和待遇领取资格进行公示，接受群众监督。

十一、经办管理服务

开展"新农保"试点的地区，要认真记录农村居民参保缴费和领取待遇情况，建立参保档案，长期妥善保存；建立全国统一的"新农保"信息管理系统，纳入社会保障信息管理系统（"金保工程")建设，并与其他公民信息管理系统实现信息资源共享；要大力推行社会保障卡，方便参保人持卡缴费、领取待遇和查询本人参保信息。试点地区要按照精简效能原则，整合现有农村社会服务资源，加强"新农保"经办能力建设，运用现代管理方式和政府购买服务方式，降低行政成本，提高工作效率。"新农保"工作经费纳入同级财政预算，不得从"新农保"基金中开支。

十二、相关制度衔接

原来已开展以个人缴费为主、完全个人账户农村社会养老保险（以下称老农保）的地区，要在妥善处理老农保基金债权问题的基础上，做好与"新农保"制度衔接。在"新农保"试点地区，凡已参加了老农保、年满60周岁且已领取老农保养老金的参保人，可直接享受"新农保"基础养老金；对已参加老农保、未满60周岁且没有领取养老金的参保人，应将老农保个人账户资金并入"新农保"个人账户，按"新农保"的缴费标准继续缴费，待符合规定条件时享受相应待遇。

"新农保"与城镇职工基本养老保险等其他养老保险制度的衔接办法，由人力资源社会保障部会同财政部制定。要妥善做好"新农保"制度与被征地农民社会保障、水库移民后期扶持政策、农村计划生育家庭奖励扶助政策、农村五保供养、社会优抚、农村最低生活保障制度等政策制度的配套衔接工作，具体办法由人力资源社会保障部、财政部会同有关部门研究制订。

十三、加强组织领导

国务院成立"新农保"试点工作领导小组，研究制订相关政策并督促检查政策的落实情况，总结评估试点工作，协调解决试点工作中出现的问题。

地方各级人民政府要充分认识开展"新农保"试点工作的重大意义，将其列入当地经济社会发展规划和年度目标管理考核体系，切实加强组织领导。各级人力资源社会保障部门要切实履行"新农保"工作行政主管部门的职责，会同有关部门做好"新农保"的统筹规划、政策制定、统一管理、综合协调等工作。试点地区也要成立试点工作领导小组，负责本地区试点工作。

十四、制定具体办法和试点实施方案

省（区、市）人民政府要根据本指导意见，结合本地区实际情况，制定试点具体办法，并报国务院"新农保"试点工作领导小组备案；要在充分调研、多方论证、周密测算的基础上，提出切实可行的试点实施方案，按要求选择试点地区，报国务院"新农保"试点工作领导小组审定。试点县（市、区、旗）的试点实施方案由各省（区、市）人民政府批准后实施，并报国务院"新农保"试点工作领导小组备案。

十五、做好舆论宣传工作

建立"新农保"制度是深入贯彻落实科学发展观、加快建设覆盖城乡居民社会保障体系的重大决策，是应对国际金融危机、扩大国内消费需求的重大举措，是逐步缩小城乡差距、改变城乡二元结构、推进基本公共服务均等化的重要基础性工程，是实现广大农村居民老有所养、促进家庭和谐、增加农民收入的重大惠民政策。

各地区和有关部门要坚持正确的舆论导向，运用通俗易懂的宣传方式，加强对试点工作重要意义、基本原则和各项政策的宣传，使这项惠民政策深入人心，引导适龄农民积极参保。

　　各地要注意研究试点过程中出现的新情况、新问题，积极探索和总结解决新问题的办法和经验，妥善处理改革、发展和稳定的关系，把好事办好。重要情况要及时向国务院"新农保"试点工作领导小组报告。

国务院

二○○九年九月一日

附录2 国务院办公厅转发卫生部等部门 关于进一步做好新型农村合作 医疗试点工作指导意见的通知

国办发〔2004〕3号

各省、自治区、直辖市人民政府，国务院各部委、各直属机构：

卫生部等部门《关于进一步做好新型农村合作医疗试点工作的指导意见》已经国务院同意，现转发给你们，请认真贯彻执行。

国务院办公厅
二○○四年一月十三日

关于进一步做好新型农村合作医疗试点工作的指导意见

（二○○三年十二月十五日）

全国农村卫生工作会议以来，各地区、各有关部门认真贯彻落实《中共中央国务院关于进一步加强农村卫生工作的决定》（中发〔2002〕13号）和会议精神，按照国务院办公厅转发卫生部等部门《关于建立新型农村合作医疗制度的意见》，积极组织开展新型农村合作医疗试点工作，取得了初步进展，受到了农民的欢迎。一些试点地区在实践中摸索出一些有效的做法，同时也发现了一些问题。为保证新型农村合作医疗试点工作顺利进行，现提出以下指导意见。

一、充分认识开展新型农村合作医疗试点工作的重要性和艰巨性

建立新型农村合作医疗制度，是新形势下党中央、国务院为切实解决农业、农村、农民问题，统筹城乡、区域、经济社会协调发展的重大举措，对于提高农民健康保障水平，减轻医疗负担，解决因病致贫、因病返贫问题，具有重要作用。建立新型农村合作医疗制度是一项十分复杂、艰巨的工作。各地区、各有关部门一定要从维护广大农民根本利益出发，因地制宜，分类指导，精心组织，精心运作，务求扎实推进试点工作，为新型农村合作医疗健康发展奠定良好基础。

二、明确试点工作的目标任务

建立新型农村合作医疗制度是一项复杂的社会系统工程，必须先行试点，逐步完善和推广。试点工作的主要目标任务是，研究和探索适应经济发展水平、农民经济承受能力、医疗服务供需状况的新型农村合作医疗政策措施、运行机制和监管方式，为全面建立新型农村合作医疗制度提供经验。各地区在试点期间不要定指标，不要赶进度，不要盲目追求试点数量，要注重试点质量，力争试点一个成功一个，切实让农民得到实惠。各地区试点工作多是在2003年下半年开始启动的，为有充分时间扎实做好试点工作，2004年原则上不再扩大试点数量。

三、必须坚持农民自愿参加的原则

开展新型农村合作医疗试点，一定要坚持农民自愿参加的原则，严禁硬性规定农民参加合作医疗的指标、向乡村干部搞任务包干摊派、强迫乡（镇）卫生院和乡村医生代缴以及强迫农民贷款缴纳经费等简单粗暴、强迫命令的错误做法。各地区要加强督查，发现这些问题，必须及时严肃查处，坚决予以纠正。

四、深入细致地做好对农民的宣传和引导工作

新型农村合作医疗制度真正受到农民的拥护，是这项制度不断发展的基础。地方各级人民政府必须高度重视，切实做好对农民的宣传教育和引导工作。要深入了解和分析农民对新型农村合作医疗存在的疑虑和意见，有针对性地通过典型事例进行具体、形象、生动的宣传，把新型农村合作医疗的参加办法、参加人的权利与义务以及报销和管理办法等宣传到千家万户，使广大农民真正认识建立新型农村合作医疗制度的意义和好处，树立互助共济意识，自觉自愿地参加新型农村合作医疗。

五、切实加强组织管理

各省、自治区、直辖市及试点地（市）人民政府要尽快成立由卫生、财政、农业、民政、发展改革、审计、食品药品监管、中医药、扶贫等部门组成的新型农村合作医疗协调领导小组，协调相关政策，加强工作指导和督查。合作医疗协调领导小组在同级卫生行政部门设办公室，负责有关具体工作。卫生部成立专家技术指导组，重点做好吉林、浙江、湖北、云南四省试点工作的跟踪指导、评估和全国省级业务骨干人员培训工作。各省、自治区、直辖市也要成立省级专家技术指导组，指导试点县（市）的工作。

试点县（市）要成立县级新型农村合作医疗管理委员会，建立经办机构，负责新型农村合作医疗的业务管理；在乡（镇）可设立派出机构（人员）或委托有关机构管理。县、乡经办机构的设立要坚持精简、高效的原则，合理配备人员，保证工作需要，编制由县级人民政府从现有行政或事业编制中调剂解决。经办机构的人员和工作经费列入同级年度财政预算，予以保证，不得从新型农村合作医疗基金中提取。地方各级人民政府要为试点县（市）开展新型农村合作医疗工作适当提供启动经费。

六、慎重选择试点县（市）

新型农村合作医疗试点县（市）原则上由省级人民政府确定，根据以下四个方面综合考虑：一是县（市）人民政府特别是主要负责人高度重视，积极主动地提出申请；二是县（市）财政状况较好，农民有基本的支付能力；三是县（市）卫生行政部门管理能力和医疗卫生机构服务能力较强；四是农村基层组织比较健全，领导有力，农民参加新型农村合作医疗积极性较高。暂不具备条件的县（市）先不要急于开展试点，可在总结试点经验的基础上逐步推进。

七、认真开展基线调查

各省、自治区、直辖市要组织有关专家，制订统一的基线调查方案，重点对试点县（市）的经济发展水平、医疗卫生机构服务现状、农民疾病发生状况、就医用药及费用情况、农民对参加新型农村合作医疗的意愿等进行摸底调查。已正式启动新型农村合作医疗试点工作，但尚未开展或未按要求开展基线调查的试点县（市），要抓紧时间，尽快完成这项工作，减少试点工作的盲目性。

八、合理确定筹资标准

要根据农民收入情况，合理确定个人缴费数额。原则上农民个人每年每人缴费不低于10元，经济发达地区可在农民自愿的基础上，根据农民收入水平及实际需要相应提高缴费标准。要积极鼓励有条件的乡村集体经济组织对本地新型农村合作医疗给予适当扶持，但集体出资部分不得向农民摊派。中央财政对中西部除市区以外参加新型农村合作医疗农民平均每年每人补助10元，中西部地区各级财政对参加新型农村合作医疗农民的资助总额不低于每年每人10元，东部地区各级财政对参加新型农村合作医疗农民的资助总额应争取达到20元。地方各级财政的负担比例可根据本地经济状况确定。地方各级人民政府要根据《民政部、卫生部、财政部关于实施农村医疗救助的意见》制订实施细则，尽快建立农村医疗救助制度，资助贫困农民参加新型农村合作医疗，并对患大病的贫困农民提供一定医药费用补助，对患特种传染病的农民按有关规定给予补助；要注意把建立新型农村合作医疗制度同扶贫和医疗救助等工作结合起来，共同推进和发展。

九、进一步完善资金收缴方式

要改进农民个人缴费收缴方式，可在农民自愿参加并签约承诺的前提下，由乡（镇）农税或财税部门一次性代收，开具由省级财税部门统一印制的专用收据；也可采取其他符合农民意愿的缴费方式。各地区应将新型农村合作医疗资金运作周期与财政年度一致起来。地方各级财政要在农民个人缴费到位后，及时下拨补助资金，不得弄虚作假，套取财政补助资金，一旦发现要严肃查处。

十、合理设置统筹基金与家庭账户

各试点县（市）要在坚持大病统筹为主的原则下，根据实际情况，确定新型农村合作医疗的补助方式，鼓励基层积极创新。要积极探索以大额医疗费用统筹补助为主、兼顾小额费用补助的方式，在建立大病统筹基金的同时，可建立家庭账户。可用个人缴费的一部分建立家庭账户，由个人用于支付门诊医疗费用；个人缴费的其余部分和各级财政补助资金建立大病统筹基金，用于参加新型农村合作医疗农民的大额或住院医疗费用的报销。个人缴费划入家庭账户的比例，由各地区合理确定。

十一、合理确定补助标准

各试点县（市）要坚持以收定支、量入为出、逐步调整、保障适度的原则，在充分听取农民意见的基础上，根据基线调查、筹资总额和参加新型农村合作医疗后农民就医可能增加等情况，科学合理地确定大额或住院医药费用补助的起付线、封顶线和补助比例，并根据实际及时调整，既要防止补助比例过高而透支，又不能因支付比例太低使基金沉淀过多，影响农民受益。在基本条件相似、筹资水平等同的条件下，同一省（自治区、直辖市）内试点县（市）的起付线、封顶线和补助比例差距不宜过大。各地区根据实际确定门诊费用的报销比例，引导农民合理使用家庭账户。家庭账户节余资金，可以结转到下一年度使用。

十二、探索手续简便的报账方式

农民在县（市）、乡（镇）、村定点医疗机构就诊，可先由定点医疗机构初审并垫付规定费用，然后由定点医疗机构定期到县（市）或乡（镇）新型农村合作医疗经办机构核销。新型农村合作医疗经办机构应及时审核支付定点医疗机构的垫付资金，保证定点医疗机构的正常运转。新型农村合作医疗经办机构在审核诊疗项目和费用账目时，如发现定点医疗机构有违反新型农村合作医疗制度相关规定的情况，不予核销，已发生费用由定点医疗机构承担。农民经批准到县（市）级以上医疗机构就医，可先自行垫付有关费用，再由本县（市）新型农村合作医疗经办机构按相关规定及时审核报销。

十三、严格资金管理，确保基金安全

各省、自治区、直辖市财政等部门要组织制订新型农村合作医疗基金管理办法和基金会计制度，按照公开、公平、公正的原则管好、用好基金，不得挤占挪用。一旦发现有挪用或贪污浪费基金等行为的，要依法严处。省级新型农村合作医疗协调领导小组办公室应采取统一招标方式，选择网点覆盖面广、信誉好、服务质量高、提供优惠支持条件多的国有商业银行作为试点县（市）基金代理银行。可由财政部门在代理银行设立基金专用账户。所有新型农村合作医疗资金全部进入代理银行基金专户储存、管理。县（市）新型农村合作医疗经办机构负责审核汇总支付费用，交由财政部门审核开具申请支付凭证，提交代理银行办理资金结算业务，直接将资金转入医疗机构的银行账户。做到银行管钱不管账，经办机构管账不管钱，实现基金收支分离，管用分开，封闭运行。

十四、加强基金监管

新型农村合作医疗经办机构要定期向社会公布新型农村合作医疗基金的具体收支、使用情况，保证农民知情、参与和监督的权利，并接受有关部门的监督。试点县（市）要把基金收支和管理情况纳入当地审计部门的年度审计计划，定期予以专项审计并公开审计结果；县（市）、乡（镇）人民政府可根据本地实际，成立由相关部门和参加新型农村合作医疗的农民代表共同组成的新型农村合作医疗监督委员会，定期检查、监督基金使用和管理情况；各行政村要把新型农村合作医疗支付情况作为村务公开的重要内容之一，至少每季度张榜公布一次，接受村民的监督。

十五、努力改善农村卫生服务条件，提高服务质量

各地区要将试点工作同农村卫生改革与发展有机结合起来，大力推进县（市）、乡（镇）、村三级农村医疗卫生服务网的建设，改善基础设施条件，提高医疗服务水平，坚持预防为主，做好农村预防保健等公共卫生服务。要积极推进县、乡医疗卫生机构内部改革，推动乡（镇）卫生院上划县级卫生行政部门管理的工作，实行全员聘用制。鼓励县、乡、村卫生机构间的纵向合作，使县级医疗机构的技术服务向乡（镇）延伸，乡（镇）医疗卫生机构的技术服务向村延伸，同时鼓励发展民办医疗机构，让农民不出村、乡就能享受到较好的卫生服务。要制定引导医学院校大学毕业生到农村工作锻炼的政策，加大城市卫生支农工作力度，加强基层卫生人员培训，多方面提高农村卫生人员素质。县级卫生行政部门要合理确定新型农村合作医疗定点医疗服务机构，制订和完善诊疗规范，实行双向转诊制度，切实加强监管，严格控制医疗收费标准，不断提高医疗服务质量，向农民提供合理、有效、质优、价廉的医疗卫生服务。乡（镇）、村医疗卫生机构要转变观念，转变作风，立足于为民、便民、利民，端正医德医风，严格执行诊疗规范和新型农村合作医疗用药规定，深入到农民家庭开展预防保健和基本医疗服务，千方百计为农民节约合作医疗经费，使有限的资金发挥最大的效益。充分发挥中医药作用和优势，积极运用中医药为农民提供服务。

十六、加强农村药品质量和购销的监管

食品药品监管部门要加强农村药品质量的监管，严格药品批发企业、零售企业标准，规范农村药品采购渠道，切实加强对农村药品质量的监管力度，保证农民用药有效、安全。价格主管部门要加

强对农村医疗卫生机构、药店销售药品的价格监督，严厉查处价格违法违规行为。卫生行政部门要规范医疗卫生机构用药行为，各省、自治区、直辖市卫生行政部门要制订新型农村合作医疗基本药物目录。推行农村卫生机构药品集中采购，也可由县级医疗卫生机构或乡（镇）卫生院为村卫生室代购药品，严格控制农村医药费用的不合理增长，减轻农民医药费用负担。关于加强药品质量和购销监管的具体办法，由食品药品监管局商有关部门另行制订。

地方各级人民政府要加强对新型农村合作医疗试点工作的领导，按照本指导意见提出的要求，加强调查研究和检查指导，结合本地区试点工作实际，不断调整和完善试点方案，扎扎实实地做好试点工作。

附录 3　GM（1，1，4）模型完整的 MATLAB 程序

```
% This is a matlab program for building the GM(1,1,4) model.
clc, clear all;
% do not used scientific notation.
format long g;
% X is the original sequence
X = [ 691. 74, 817. 58, 941. 95, 1040. 00, 1100. 08, 1219. 09, 1319. 30,
1452. 94, 1608. 91, 1802. 04, 2053. 17, 2382. 93, 2693. 71, 3159. 66, 3697. 35,
4358. 36 ,5099. 61 ];
% X1 is the 1 - AGO sequence of X
X1 = [ ];
% the element number in sequence X
n = length( X)
s = 0;
% obtain the X1 by using a cycling operation
for k = 1 : n
    s = s + X( k) ;
```

```
X1 = [ X1 ,s ] ;

end

% Obtain Z1 : Mean sequence generated by consecutive neighbors

Z1 = [ ] ;

for k = 1 : length( X1 ) - 3

      Z1 = [ Z1 ,( X1( k ) + X1( k + 1 ) + X1( k + 2 ) + X1( k + 3 ) )/4 ] ;

end

% Constructing Matrix B and Y

B = [ ] ;

Y = [ ] ;

for k = 1 : length( Z1 )

   B = [ B; - Z1( k ),k + 3 ,1 ] ;

end

for k = 4 : length( X )

   Y = [ Y ;X( k ) ] ;

end

% Compute parameters a ,b and c.

A = ( B' * B )^( - 1 ) * B' * Y ;

a = A( 1 )

b = A( 2 )

c = A( 3 )


% The inital value

x11 = X1( 1 ) ;

x12 = X1( 2 ) ;

x13 = X1( 3 ) ;
```

```
% Compute simulated values X1
Simu1 = [ ] ;
Simu1 = [ Simu1 , x11 ] ;
Simu1 = [ Simu1 , x12 ] ;
Simu1 = [ Simu1 , x13 ] ;


for k = 4 : length( X ) + 11
    val = ( 4 - a )/( 4 + a ) * Simu1 ( k - 1 ) - a/( 4 + a ) * Simu1 ( k - 2 ) - a/( 4 + a ) * Simu1 ( k - 3 ) + 4 * b * k/( 4 + a ) + 4 * c/( 4 + a ) ;
    Simu1 = [ Simu1 , roundn( val , - 4 ) ] ;
end


% Compute simulated values X0
Simu0 = [ ] ;
Simu0 = [ Simu0 , X ( 1 ) ] ;
for k = 2 : length( Simu1 )
val = Simu1 ( k ) - Simu1 ( k - 1 ) ;
    Simu0 = [ Simu0 , roundn( val , - 2 ) ] ;
end
Simu0


% RE : residual error ;
% RPE : relative percentage error ;
% MAPE : mean simulation absolute percentage error.
RE = [ ] ;
RPE = [ ] ;
```

```
MAPE = 0;


% Simu:simulated values
% X:real values
for k = 4:length(X)
    error = roundn(Simu0(k-1) - X(k-1), -4);
re_error = roundn(abs(error)/X(k-1) * 100, -4)
    RE = [RE, error];
    RPE = [RPE, re_error];
    MAPE = MAPE + re_error;
end
MAPE = roundn(MAPE/(length(X) - 1), -4)
```

参 考 文 献

[1] 白重恩，李宏彬，吴斌珍．医疗保险与消费：来自新型农村合作医疗的证据 [J]．经济研究，2012 (2)：41 – 53.

[2] 白重恩，吴斌珍，金晔．中国养老保险缴费对消费和储蓄的影响 [J]．中国社会科学，2012 (8)：48 – 71.

[3] 白重恩．养老保险抑制消费 [J]．上海经济，2011 (9)：17.

[4] 蔡伟贤，朱峰．"新农合"对农村居民耐用品消费的影响 [J]．数量经济技术经济研究，2015，32 (5)：72 – 87.

[5] 陈池波，张攀峰．新型社会保障、收入类型与农村居民消费 [J]．经济管理，2012，34 (2)：175 – 182.

[6] 程令国，张晔，刘志彪．"新农保"改变了中国农村居民的养老模式吗？[J]．经济研究，2013 (8)：42 – 54.

[7] 程闻硕．新型农村社会保障制度对中国农民消费影响研究 [J]．经济师，2014 (11)：13 – 16.

[8] 褚荣伟，张晓冬．中国农民工消费市场解读——金字塔底层的财富 [J]．经济理论与经济管理，2011 (7)：34 – 46.

[9] 丁继红，应美玲，杜在超．我国农村家庭消费行为研究——基于健康风险与医疗保障视角的分析 [J]．金融研究，2013 (10)：154 – 166.

[10] 杜乐其, 孙昊. 城镇化背景下农民工消费者成长及其制度保障 [J]. 理论月刊, 2013 (10): 147 - 152.

[11] 樊潇彦, 袁志刚, 万广华. 收入风险对居民耐用品消费的影响 [J]. 经济研究, 2007 (04): 124 - 136.

[12] 方福前, 俞剑. 居民消费理论的演进与经验事实 [J]. 经济学动态, 2014 (3): 11 - 30.

[13] 方匡南, 章紫艺. 社会保障对城乡家庭消费的影响研究 [J]. 统计研究, 2013, 30 (3): 52 - 58.

[14] 甘小文, 黄小勇, 胡宾. 城镇化对农民消费结构影响的实证研究 [J]. 企业经济, 2011 (6): 173 - 175.

[15] 高雅. 基于 GM (0, N) 灰色预测模型的构造预测及定量评价 [J]. 中国煤炭, 2019, 45 (6): 38 - 42, 101.

[16] 葛荣霞, 郭文玲, 胡金敏. 论新型农村社会保障体系的建立和完善 [J]. 河北学刊, 2011, 31 (2): 135 - 138.

[17] 韩昕儒, 陈永福. 基于收入分层 QUAIDS 模型对农民工家庭内食物消费影响因素的实证分析 [J]. 农村经济, 2016 (3): 61 - 66.

[18] 韩永军, 王宝成. 我国省级行政区农村居民消费结构对应分析 [J]. 财经问题研究, 2015 (6): 18 - 21.

[19] 贺立龙, 姜召花. 新农保的消费促进效应——基于 CHARLS 数据的分析 [J]. 人口与经济, 2015 (1): 116 - 125.

[20] 黄辉. 一种面向动态发展系数 a 的新灰色预测模型 [J]. 统计与决策, 2016, 21 (5): 19 - 21.

[21] 黄侦, 邓习赣. 农民工消费行为与身份认同困境研究 [J]. 江西社会科学, 2014 (11): 42 - 50.

[22] 姜百臣，马少华，孙明华. 社会保障对农村居民消费行为的影响机制分析 [J]. 中国农村经济，2010 (11)：32 – 34.

[23] 金晓彤，崔宏静，韩成. "金玉其外"的消费选择背后——新生代农民工社会认同与炫耀性消费解析 [J]. 经济体制改革，2015 (1)：106 – 110.

[24] 李慧，孙东升. 新型农村社会养老保险对我国农民消费的影响——基于 SEM 的实证研究 [J]. 经济问题，2014 (9)：68 – 71.

[25] 李琼英，宋马林，杨杰. 社会保障支出与拉动内需——对农村养老保险问题的深入探讨 [J]. 统计教育，2009 (9)：16 – 20.

[26] 李时华. 社会资本：和谐消费环境建设新思路 [J]. 消费经济，2006，22 (2)：26 – 28.

[27] 李树良. 非农工作经历、社会资本与农民享受型耐用品消费 [J]. 贵州财经大学学报，2017 (5)：100 – 110.

[28] 李树良. "新农保"首批试点地区农民耐用品消费促进效应研究 [J]. 重庆工商大学学报（社会科学版），2017，34 (4)：48 – 58.

[29] 李树良. "新农保"首批试点农民耐用品消费层次与区域差异比较研究 [J]. 重庆理工大学学报（社会科学），2017，31 (8)：70 – 79.

[30] 李树良. "新农合"与农民耐用品消费：消费层次和区域比较 [J]. 科学决策，2016a (11)：61 – 78.

[31] 李树良. 新型农村社会保障对农民消费观念和耐用品消费的影响 [J]. 西部论坛，2016b，26 (3)：37 – 44.

[32] 李树苗，等. 农民工社会支持网络的现状及其影响因素

研究 [J]. 西安交通大学学报（社会科学版），2007（1）：67 – 76.

［33］刘畅. 社会保障水平对居民消费影响的实证分析 [J]. 消费经济，2008（3）：75 – 77.

［34］刘思峰，等. 灰色系统理论及其应用（第八版）[M]. 北京：科学出版社，2017.

［35］刘思峰，杨英杰. 灰色系统研究进展（2004 – 2014）[J]. 南京航空航天大学学报，2015，47（1）：1 – 18.

［36］刘新，刘伟，胡宝娣. 社会保障支出、不确定性与居民消费效应 [J]. 江西财经大学学报，2010（4）：49 – 55.

［37］刘艳华. 农业信贷配给对农村居民消费的间接效应——基于面板门槛模型的阐释 [J]. 农业经济问题，2016（7）：98 – 105.

［38］陆彩兰，洪银兴，赵华. 农民收入结构对消费支出的影响——基于江苏省1993 ~ 2009 年的数据分析 [J]. 经济体制改革 2012（2）：66 – 70.

［39］罗党，王小雷，孙德才，张国政. 含时间周期项的离散灰色DGM（1，1，T）模型及其应用 [J]. 系统工程理论与实践，2020，40（10）：2737 – 2746.

［40］罗凯. 打工经历与职业转换和创业参与 [J]. 世界经济，2009（6）：77 – 80.

［41］马光荣，周广肃. 新型农村养老保险对家庭储蓄的影响 [J]. 经济研究，2014（11）：117 – 128.

［42］马红鸽. 个人禀赋、社会信任与新农保参与研究——基于新农保参与过程选择的视角 [J]. 统计与信息论坛，2016，31（3）：44 – 51.

[43] 马双，臧文斌，甘犁．新型农村合作医疗保险对农村居民食物消费的影响分析．[J]．经济学，2010，10（1）：249－270.

[44] 孟伟，曾波．分数阶算子与灰色预测模型研究［M］．北京：科学出版社，2015.

[45] 倪远栋，魏勇．制度变迁对农民消费行为影响机理的研究［J］．新疆农垦经济，2012（7）：59－63.

[46] 聂荣，沈大娟．农业保险参保决策对农民消费行为影响的实证研究［J］．东北大学学报（社会科学版），2016，18（4）：362－368.

[47] 宁一非．四川农民消费结构优化与收入增加［J］．商业研究，2010（5）：149－155.

[48] 庞香萍．优化民族地区新型农村社会保障公共服务的探讨［J］．农业经济，2016（2）：79－81.

[49] 钱文荣，李宝值．不确定性视角下农民工消费影响因素分析——基于全国2679个农民工的调查数据［J］．中国农村经济，2013（11）：54－64.

[50] 秦立建，陈波，蒋中一．外出打工经历对农村居民健康的影响［J］．中国软科学，2014（5）：58－65.

[51] 秦晓娟．城市对中国农民工消费行为影响的实证分析［J］．经济问题，2014（9）：77－81.

[52] 冉光和，鲁钊阳．贫困村农民消费结构变迁研究［J］．当代经济研究，2010（9）：52－56.

[53] 冉光和，田庆刚．农村家庭资产金融价值转化的问题及对策［J］．农村经济，2016（4）：56－61.

[54] 冉璐，谢家智，张明．非农工作经历与农民务农收入 [J]．农业技术经济，2013（6）：32 – 39．

[55] 申鹏，凌玲．代际禀赋视角下的农民工消费行为研究——以贵州省贵阳市为例 [J]．农村经济，2014（2）：50 – 59．

[56] 沈晖．城市融入水平、农民工消费容量及其劳动权益保障问题研究 [J]．统计与决策，2015（22）：105 – 108．

[57] 沈蕾，许桂苹．基于涉入度差异的新生代农民工消费决策研究 [J]．消费经济，2015，31（3）：61 – 65．

[58] 沈蕾，周豫洁．生活方式细分下新生代农民工消费决策研究——基于全国六省市的调研数据 [J]．消费经济，2013，29（2）：46 – 50．

[59] 沈毅，穆怀中．新型农村社会养老保险对农村居民消费的乘数效应研究 [J]．经济学家，2013（4）：32 – 36．

[60] 粟娟，孔祥利．基于城乡消费差异的农民工市民化动态分析 [J]．财经理论与实践，2013（5）：41 – 47．

[61] 孙爱军．城镇居民消费的区域特征研究——基于中国省际数据的空间计量分析 [J]．消费经济，2010，26（5）：7 – 11．

[62] 汪丽萍．融入社会视角下的新生代农民工消费行为——市民化消费和炫耀性消费 [J]．农村经济，2013（6）：126 – 129．

[63] 王健宇，徐会奇．收入不确定性对农民消费的影响研究 [J]．当代经济科学，2010，32（2）：54 – 60．

[64] 王健宇，徐会奇．收入性质对农民消费的影响分析 [J]．中国农村经济，2010（4）：37 – 47．

[65] 王静，霍学喜．农户技术选择对其生产经营收入影响的

空间溢出效应分析——基于全国七个苹果主产省的调查数据 [J].中国农村经济, 2015 (1): 31 - 43.

[66] 王湘红, 陈坚. 社会比较和相对收入对农民工家庭消费的影响——基于 RUMiC 数据的分析 [J]. 金融研究, 2016 (12): 48 - 62.

[67] 王艳玲. 新农合与中国农民食物消费: 经验判断和实证研究. [J]. 广西社会科学, 2014 (5): 88 - 91.

[68] 王美艳. 农民工消费潜力估计——以城市居民为参照系 [J]. 宏观经济研究, 2016 (2): 3 - 18.

[69] 王正新. 具有交互效应的多变量 GM (1, N) 模型 [J]. 控制与决策, 2017, 32 (3): 515 - 520.

[70] 温涛, 田纪华, 王小华. 农民收入结构对消费结构的总体影响与区域差异研究 [J]. 中国软科学, 2013 (2): 42 - 52.

[71] 温兴祥. 失业、失业风险与农民工家庭消费 [J]. 南开经济研究, 2015 (6): 110 - 128.

[72] 吴春霞, 刘瑞涵. 北京农村居民耐用品消费特征及影响因素研究 [J]. 中国农学通报, 2013, 29 (11): 90 - 94.

[73] 吴利丰, 付斌. 分数阶反向累加 GM (1, 1) 模型及其性质 [J]. 统计与决策, 2017, 18 (7): 32 - 36.

[74] 武瑞娟, 李东进, 吴波. 中国农民消费者对下乡家电产品的购买意向分析 [J]. 中国软科学, 2010 (1): 40 - 52.

[75] 肖云, 王冰燕. 中国五保失能老人长期照护服务的困境与解困 [J]. 重庆大学学报 (社会科学版), 2015, 21 (4): 103 - 108.

[76] 徐会奇, 卢强, 王克稳. 农村居民收入不确定性对消费

的影响研究——基于灰色关联分析 [J]. 华东经济管理, 2014, 28 (2): 29-33.

[77] 杨辉, 郗茜. 消费文化对基地型乳品企业发展效应研究 [J]. 中国乳业, 2019 (5): 12-15.

[78] 杨孟禹. 农村社会保障制度与农村居民消费行为影响的实证研究 [J]. 西南农业大学学报, 2012, 10 (6): 19-21.

[79] 杨志明. 农村社会保障与农村居民消费的关系 [J]. 经济与管理, 2011, 25 (6): 28-33.

[80] 尹志超, 甘梨. 中国住房改革对家庭耐用品消费的影响 [J]. 经济学 (季刊), 2009 (10): 53-72.

[81] 于建华, 魏欣芝. 新型农村社会养老保险对农民消费水平影响的实证分析 [J]. 消费经济, 2014, 30 (4): 66-70.

[82] 余建斌, 韩瑞宏. 种粮补贴政策对广东省农户种粮收益的作用效果与政策建议 [J]. 农业现代化研究, 2010, 31 (4): 429-433.

[83] 袁国方, 邰秀军, 仪明金. 外出务工对欠发达地区农民消费倾向的影响 [J]. 大连理工大学学报 (社会科学版), 2014 (1): 69-74.

[84] 袁小良. 社区养老: 整合的养老服务体系 [J]. 重庆工商大学学报 (社会科学版), 2016, 33 (3): 95-98.

[85] 岳爱, 杨矗, 常芳, 田新, 史耀疆, 罗仁福, 易红梅. 新型农村社会养老保险对家庭日常消费支出的影响 [J]. 管理世界, 2013, 39 (8): 101-108.

[86] 曾波, 李树良, 孟伟. 灰色预测理论及其应用 [M]. 北

京：科学出版社，2020.

［87］曾波，张志伟，苟小义．基于区间灰作用量的 GM（1，1）均值差分模型解的非唯一性研究［J］．中国管理科学，2021，29（5）.

［88］翟翠霞，李宝库，刘燕．中国农民消费者决策型态的实证研究［J］．管理评论，2010，22（1）：37－44.

［89］张兵兵，徐康宁．影响耐用品消费需求的因素研究——来自美国家庭汽车消费市场的经验分析［J］．软科学，2013，27（7）：74－77.

［90］张川川，John Giles，赵耀辉．新型农村社会养老保险政策效果评估：收入、贫困、消费、主观福利和劳动供给［J］．经济学（季刊），2014（4）：203－230.

［91］张攀峰，陈池波．新型社会保障对农村居民消费的影响研究［J］．调研世界，2012（1）：25－28.

［92］张苏，王婕．养老保险、孝养伦理与家庭福利代际帕累托改进［J］．经济研究，2015（10）：147－162.

［93］张鑫，谢家智，张明．打工经历、社会资本与农民初创企业绩效［J］．软科学，2015，29（4）：140－144.

［94］赵俊丽，迟文铁．我国新型农村社会保障制度的研究［J］．价格理论与实践，2009（5）：35－36.

［95］赵泉民．论转型社会中政府信任的重建——基于制度信任建立的视角［J］．社会科学，2013（1）：12－24.

［96］赵婉男，李晓峰，尹金辉．北京市农民工消费结构及变化趋势分析［J］．农业经济问题，2016（12）：103－107，112.

［97］中共中央马克思恩格斯列宁斯大林著作编译局．列宁全

集，中文 2 版 [M]. 第 1 卷，北京：人民出版社，1987.

[98] 中共中央马克思恩格斯列宁斯大林著作编译局. 马克思恩格斯全集，中文 1 版 [M]. 第 1 - 4、第 6、第 25 卷，北京：人民出版社，1979.

[99] 中国汽车工业协会，2020 年 10 月，http：//www. auto - stats. org. cn/.

[100] 周亚军. 基于跨时限制模型的耐用品消费与中国经济项目差额波动研究 [J]. 商业研究，2015 (2)：16 - 23.

[101] 朱红根，解春艳. 农民工返乡创业企业绩效的影响因素分析 [J]. 中国农村经济，2012 (4)：36 - 46.

[102] Attanasio, O. P. Consumer Durables and Inertial Behavior: Estimation and Aggregation of (S, s) Rules for Automobile Purchases [J]. Review of Economic Studies, 2000, 67 (4)：667 - 696.

[103] Bertola G. L. Guiso and L. Pistaferri. Uncertainty and Consumer Durables Adjustment [J]. Review of Economic Studies, 2005, 72 (4)：973 - 1007.

[104] Bo Zeng, Chuan Li. Improved multi-variable grey forecasting model with a dynamic background-value coefficient and its application [J]. Computer & Industrial Engineering, 2018 (118)：278 - 290.

[105] Bo Zeng, Huiming Duan, Yufeng Zhou. A new multivariable grey prediction model with structure compatibility [J]. Applied Mathematical Modeling, 2019 (75)：385 - 397.

[106] Caballero, R. J and J. C. Eberly. Explaining Investment Dynamics in U. S. Manufacturing: A Generalized (S, s) Approach [J].

Econometrica, 1999, 67 (4): 783-826.

[107] Caballero, R. J. Durable Goods An Explanation for Their Slow Adjustment [J]. Journal of Political Economy, 1993, 101 (2).

[108] Carroll, C. D., L. H. Summers. Consumption growth parallels income growth: Some new evidence [J]. NBER Working Paper, 1989, No. 3090.

[109] Chen G., Dong Z. Y., David J. Hill. Attack structural vulnerability of complex power grids: a hybrid approach based on complex networks [J]. Physica A: Statistical Mechanics and its Applications, 2010 (389): 595-603.

[110] Chen X., Swanson N. R. Causality, prediction, and specification analysis: Recent advances and future directions [J]. Journal of Econometrics, 2014, 182 (1): 1-4.

[111] Chu You-Lian. Automobile ownership model that incorporates captivity and proximate covariance [J]. Transportation Research Record, 2016, 2563: 80-87.

[112] Cirillo Cinzia, Xu Renting, Bastin Fabian. A dynamic formulation for car ownership modeling [J]. Transportation Science, 2016, 50 (1): 322-335.

[113] Clark Ben, Chatterjee Kiron, Melia Steve. Changes in level of household car ownership: the role of life events and spatial context [J]. Transportation, 2016, 43 (4): 565-599.

[114] Correa J. M., Neto A. C., Teixeira L. A., Franco EMC, Faria AE. Time series forecasting with the WARIMAX-GARCH method

[J]. Neurocomputing, 2016 (216): 805 – 815.

[115] Deaton, A. Saving and liquidity constraints [J]. Econometrica, 1991, 59 (5): 1221 – 1248.

[116] Deng J. L. Introduction to Grey System Theory [J]. The Journal of Grey System (UK), 1989, 1 (1).

[117] Deng J. L. The Control problem of grey systems [J]. System Control Letter, 1982, 1 (5) : 288 – 294.

[118] Duesenberry, J. S. Income-consumption relations and theirimplications [J]. Income, Employment and Public Policy, 1948: 54 – 81.

[119] Feldstein, M. Social security, induced retirement, and aggregate capital accumulation [J] . The Journal of Political Economy, 1974, 82: 905 – 926.

[120] Friedman, M. A Theory of the Consumption Function [M]. Princeton University Press, 1957.

[121] Grossman, S. J. and G. Laroque, Asset Pricing and Optimal Portfolio Choice in the Presence of Illiquid Durable Consumption Goods [J]. Econometrica, 1990, 58 (1): 25 – 51.

[122] Gul, F. , W . Pesendorfer. Self-control and the theory ofconsumption [J]. Econometrica, 2004, 72 (1): 119 – 158.

[123] Hall, R. E. Stochasticim plication of the life cycle-permanent income hypothesis: Theory and evidence [J]. Journal of Political Economy, 1978, 86 (6): 971 – 987.

[124] Hamedani S. R. , Liaqat M. , Shamshirband S. , Al – Razgan O. S. , Al – Shammari E. T. , Petkovic D. Comparative Study of Soft

Computing Methodologies for Energy Input – Output Analysis to Predict Potato Production [J]. American Journal of Potato Research, 2015, 92 (3): 426 – 434.

[125] James Coleman, Social Capital in the Creation of Human Capital [J]. American Journal of Sociology, 1988 (Supplement): 95 – 120.

[126] Javed S. A., Liu S. F. Predicting the research output/growth of selected countries: application of even GM (1, 1) and NDGM models [J]. Scientometrics, 2018, 115 (1): 395 – 413.

[127] Keynes, J. M. The General Theory of Employment, Interest and Money [M]. Macmillan, Cambridge University Press, 1936.

[128] Leland, H. E. Saving and uncertainty: The precau-tionary demand for saving [J]. Quarterly Journal of Economics, 1968, 82 (3): 465 – 473.

[129] Lian Lian, Tian Wen, Xu Hongfeng, Zheng Menglan. Modeling and forecasting passenger car ownership based on symbolic regression [J]. Sustainability, 2018, 10 (7): 2275.

[130] Liu S. F., Forrest J., Yang Y. J. A brief introduction to grey systems theory [J]. Grey Systems: Theory and Application, 2012, 2 (2): 89 – 104.

[131] Liu S. F., Lin Y. Grey system theory and applications [M]. Berlin Heidelberg: Springer – Verlag, 2010.

[132] Loewenstein, G. et al. Projection biasin predicting futureutility [J]. Quarterly Journal of Economics, 2003, 118 (4): 1209 – 1248.

［133］ Martin Feldstein. Social Security, Induced Retirement and Aggregate Capital Accumulation ［ J ］. Journal of Political Economy, 1974. 82（5）: 905 – 926.

［134］ Meng W. , Li Q. , Zeng B. , Yang Y. J. FDGM（1, 1） Model Based on Unified Fractional Grey Generation Operator ［ J ］. Grey Systems: Theory and Application, 2020, 10（4）: 1 – 16.

［135］ Modigliani, F. Consumer spending and monetary policy: The linkages ［ J ］. Federal Reserve Bank of Boston Conference Series 1971（5）: 9 – 84.

［136］ Modigliani, Franco, Tarantelli . The Consumption Function in a Developing Economy and the Italian Experience ［ J ］. American Economic Review, 1975（5）: 825 – 842.

［137］ Modigliani, F. , R. Brumberg. Utility analysis and the consumption function: An interpretation of cross—sectiondata ［ M ］. in: K. Kurihara（ed）, Post Keynesian Economics, Rutgers University Press, 1954.

［138］ Moreno O. M. Consumption of Durable Goods under Ambiguity ［ R ］. Working Paper, Banco de México, 2014.

［139］ Othón M. Moreno. Consumption of Durable Goods under Ambiguity ［ J ］. Working Paper, Banco de México, 2014.

［140］ Rubio A. , Bermudez J. D. , Vercher E. Improving stock index forecasts by using a new weighted fuzzy-trend time series method ［ J ］. Expert Systems with Applications, 2017（76）: 12 – 20.

［141］ Sharafi M. , Ghaem H. , Tabatabaee H. R. , Faramarzi H.

Forecasting the number of zoonotic cutaneous leishmaniasis cases in south of Fars province, Iran using seasonal ARIMA time series method [J]. Asian Pacific Journal of Tropical Medicine, 2017, 10 (1): 77 – 83.

[142] Shefrin, H. M., R. H. Thaier. The behavioral life-cycle hypothesis [J]. Economic Inquiry, 1988, 26 (4): 609 – 643.

[143] Shuliang Li, Bo Zeng, Xin Ma, Dehai Zhang. A Novel Grey Model with A Three-parameter Background Value and Its Application in Forecasting Average Annual Water Consumption Per Capita in Urban Areas Along The Yangtze River Basin [J]. The Journal of Grey System, 2020, 32 (1) : 118 – 132.

[144] Stojic A. , Maletic D. , Stojic S. S. , Mijic Z. , Sostaric A. Forecasting of VOC emissions from traffic and industry using classification and regression multivariate methods [J]. Science of the Total Environment, 2015 (521): 19 – 26.

[145] Strotz, R. H. Myopia and in consistency in dynamic utility maximization [J]. Review of Economic Studies, 1956, 23 (3): 165 – 180.

[146] Tarnanidis, T. K. , Owusu – Frimpong, N. , Marciniak, R. Consumer choice: between explicit and implicit reference points [J]. The Marketing Review, 2010, 10 (3): 269 – 86.

[147] Thaler, R. H. Maximization and self-control [J]. Behavioral and Brain Sciences, 1981a, 4 (3): 33 – 34.

[148] Thaler, R. H. Mental accounting and consumer choice [J]. Marketing Science , 1985, 4 (3): 199 – 214.

[149] Thaler, R. H. Some pirical evidence on dynamic inconsistency [J]. Economic Letters, 1981b, 8 (3): 201 –207.

[150] Wang, X. T., Johnson, J. G. A tri-reference point theory of decision making under risk [J]. Journal of Experimental Psychology: General, 2012 (141): 743 –756.

[151] Wang Z. X. A Predictive Analysis of Clean Energy Consumption, Economic Growth and Environmental Regulation in China Using an Optimized Grey Dynamic Model [J]. Computational Economics, 2015 (46): 437 –453.

[152] Wang Z. X., Li Q., Pei L. L. A seasonal GM (1, 1) model for forecasting the electricity consumption of the primary economic sectors [J]. Energy, 2018 (154): 522 –534.

[153] Weil, P. Precautionary savings and the permanent income hypothesis [J]. Review of Economic Studies, 1993, 60 (2): 367 –383.

[154] Willem V. Z., John C. B. Has Durable Goods Spending Become Less Sensitive to Interest Rates? [J]. Working Paper, Federal Reserve Bank of Kansas City, 2013.

[155] Wu J., Wang J. Z., Lu H. Y., Dong Y., Lu X. X. Short term load forecasting technique based on the seasonal exponential adjustment method and the regression model [J]. Energy Conversion and Management, 2013 (70): 1 –9.

[156] Wu L. F., Liu S. F., Liu D. L. Modeling and forecasting CO_2 emissions in the BRICS (Brazil, Russia, India, China, and South

Africa) countries using a novel multi-variable grey model [J]. Energy, 2015, 79: 489 – 495.

[157] Xie N. M. , Liu S. F. Discrete grey forecasting model and its optimization [J]. Applied Mathematical Modeling, 2009 (33): 1173 – 1186.

[158] Xie N. M. , Yuan C. Q. , Yang Y. J. Forecasting China's energy demand and self-sufficiency rate by grey forecasting model and Markov model [J]. International Journal of Electrical Power & Energy Systems, 2015 (66): 1 – 8.

[159] Xiong Chenfeng, Yang Di, Zhang Lei. A high-order hidden Markov model and its application for dynamic car ownership analysis [J]. Transportation Science, 2018, 52 (6): 1365 – 1375.

[160] Yang Di, Xiong Chenfeng, Nasri Arefeh, Zhang Lei. Hidden Markov approach to dynamically modeling car ownership behavior [J]. Transportation Research Record, 2017, 2645: 123 – 130.

[161] Yao Mingzhu, Wang Donggen, Yang Hai. A game-theoretic model of car ownership and household time allocation [J]. Transportation Research part B – methodological, 2017, 104: 667 – 685.

[162] Zeldes, S. P. Consumption and Liquidity constraints: An empirical in vestigation [J]. Journal of Political Economy, 1989, 97 (2): 305 – 346.

[163] Zeng B. , Li C. , Chen G. , Long X. J. Equivalency and unbiasedness of grey prediction models [J]. Journal of Systems Engineering and Electronics, 2015, 26 (1): 110 – 118.

［164］ Zeng B. , Li C. Forecasting the natural gas demand in China using a self-adapting intelligent grey model ［J］. Energy, 2016, 112 (1): 810 − 825.

［165］ Zeng, B. , Ma, X. and Shi, J. Modeling method of the grey GM (1, 1) model with interval grey action quantity and its application ［J］. Complexity, 2020: 1 − 10, 6514236.

［166］ Zeng B. , Tan Y. T. , Xu H. , Quan J. , Wang L. Y. , Zhou X. Y. Forecasting the Electricity Consumption of Commercial Sector in Hong Kong Using a Novel Grey Dynamic Prediction Model ［J］. The Journal of Grey System, 2018, 30 (1): 157 − 172.